Crescer em Comunhão
CATEQUESE DE INSPIRAÇÃO CATECUMENAL

Livro do catequizando

4

Célio Reginaldo Calikoski
Débora Regina Pupo
Léo Marcelo Plantes Machado
Maria do Carmo Ezequiel Rollemberg
Virginia Feronato

Petrópolis

© 2002, 2014, 2021, Editora Vozes Ltda.
Rua Frei Luís, 100
25689-900 – Petrópolis, RJ
www.vozes.com.br
Brasil
34ª edição, 2021

7ª reimpressão, 2025.

Todos os direitos reservados. Nenhuma parte desta obra poderá ser reproduzida ou transmitida por qualquer forma e/ou quaisquer meios (eletrônico ou mecânico, incluindo fotocópia e gravação) ou arquivada em qualquer sistema ou banco de dados sem permissão escrita da editora.

Imprimatur

_____

Dom José Antonio Peruzzo
Presidente da Comissão Episcopal Pastoral para Animação Bíblico-Catequética – CNBB
Bispo referencial da Animação Bíblico-Catequética no Regional Sul II – CNBB
Arcebispo da Arquidiocese de Curitiba - PR
Agosto de 2021

CONSELHO EDITORIAL

Diretor
Volney J. Berkenbrock

Editores
Aline dos Santos Carneiro
Edrian Josué Pasini
Marilac Loraine Oleniki
Welder Lancieri Marchini

Conselheiros
Elói Dionísio Piva
Francisco Morás
Teobaldo Heidemann
Thiago Alexandre Hayakawa

Secretário executivo
Leonardo A.R.T. dos Santos

PRODUÇÃO EDITORIAL

Anna Catharina Miranda
Eric Parrot
Jailson Scota
Marcelo Telles
Mirela de Oliveira
Natália França
Priscilla A.F. Alves
Rafael de Oliveira
Samuel Rezende
Verônica M. Guedes

Projeto gráfico: Ana Maria Oleniki
Diagramação: Ana Paula Bocchino Saukio
Revisão gráfica: Francine Porfirio Ortiz
Capa: Ana Maria Oleniki
Revisão teológica: Débora Regina Pupo

ISBN 978-65-571-3228-9

Este livro foi composto e impresso pela Editora Vozes Ltda.

SUMÁRIO

Apresentação, 5

BLOCO 1 FÉ PROFESSADA

1 A FÉ COMO DOM DE DEUS, 8

2 A FÉ: NOSSA RESPOSTA AO DOM DE DEUS, 13

3 CREIO EM DEUS, PAI AMOROSO, 18

4 CREIO EM JESUS CRISTO, 23

5 CREIO NO ESPÍRITO SANTO, 30

CELEBRAÇÃO COMUNITÁRIA: ENTREGA DO SÍMBOLO DA FÉ, 35

BLOCO 2 FÉ CELEBRADA

6 RITOS DA MISSA: PASSOS PARA UM ENCONTRO COM O SENHOR, 38

7 GESTOS E POSIÇÕES DO CORPO: INSTRUMENTOS PARA A COMUNHÃO COM DEUS, 44

8 BENDITO SEJA DEUS QUE NOS REUNIU NO AMOR DE CRISTO, 48

9 **ENCONTRO CELEBRATIVO:** O DOM DO AMOR E DO SERVIÇO, 53

BLOCO 3 FÉ VIVIDA

10 O CAMINHO PARA A FELICIDADE, 58

11 BEM-AVENTURADOS AQUELES QUE BUSCAM O MEU REINO, 64

12 BEM-AVENTURADOS AQUELES QUE ESPERAM O TEU REINO, 70

13 ELA VIVEU DIFERENTE, 77

14 ELES VIVERAM DIFERENTE, 81

CELEBRAÇÃO COMUNITÁRIA: ENTREGA DAS BEM-AVENTURANÇAS, 86

BLOCO 4 — **FÉ REZADA**

15 ORAÇÃO: O GRITO DA FÉ!, 90

16 A ORAÇÃO ME FAZ ÍNTIMO DO SENHOR, 93

17 A ORAÇÃO COMUNITÁRIA, 98

18 NOSSA SENHORA NO CORAÇÃO DO POVO DE DEUS, 102

19 LEITURA ORANTE, 108

Queridos catequizandos,
Prezados pais e familiares,
Estimados catequistas,

Mais uma vez foi revisada a *Coleção Crescer em Comunhão*. Ela lhes chega com o desejo de acompanhar o caminho de fé de crianças e adolescentes. As páginas em suas mãos trazem textos portadores de preciosos conteúdos catequéticos, expostos com cuidados didáticos e muita sensibilidade pedagógica.

Os autores trabalharam com muita dedicação, tendo os olhos fixos em vocês, queridos catequizandos. Ao escreverem, mantiveram a atenção e a sensibilidade à idade, aos interesses, às necessidades e à linguagem própria de quem pode crescer na fé mediante a educação para o discipulado na catequese. Mas também vocês, queridos catequistas, foram lembrados, tendo reconhecidos suas experiências e o anseio de fazer ecoar a Palavra de Deus.

A vocês, prezados pais e familiares, recordo que, em catequese, nada é tão decisivo quanto o interesse e a participação da família. O testemunho de fé que os catequizandos encontrarem em casa, assim como o entusiasmo pela formação catequética dos filhos, farão com que eles percebam a grandeza do que lhes é oferecido e ensinado.

Agora, pronta a obra, chegou o momento de apresentá-la aos destinatários. É um bom instrumento. É um recurso seguro aos que se entregam à catequese. Mas a experiência de fé vem de outra fonte. Vem do encontro com Jesus Cristo. Por Ele, vale a pena oferecer o melhor. Com Ele, podemos *Crescer em Comunhão*.

Dom José Antonio Peruzzo
Arcebispo da Arquidiocese de Curitiba – PR
Bispo referencial da Animação Bíblico-Catequética no Regional Sul II – CNBB
Presidente da Comissão Episcopal Pastoral para Animação Bíblico-Catequética – CNBB

BLOCO 1

FÉ
PROFESSADA

1 A FÉ COMO DOM DE DEUS

2 A FÉ: NOSSA RESPOSTA AO DOM DE DEUS

3 CREIO EM DEUS, PAI AMOROSO

4 CREIO EM JESUS CRISTO

5 CREIO NO ESPÍRITO SANTO

6 CELEBRAÇÃO COMUNITÁRIA
ENTREGA DO SÍMBOLO DA FÉ

1

A FÉ COMO DOM DE DEUS

A razão de estarmos reunidos em um encontro de catequese é a certeza de que acreditamos nas orientações da Igreja e na educação da fé que recebemos em nossa família. É também a certeza de que desejamos amadurecer e fortalecer a nossa fé, e isso fazemos enquanto seguimos nossa história, acompanhados por Jesus e por nossa comunidade.

Mas, afinal, como entender o que é acreditar, isto é, ter fé em algo ou alguém? Pare e pense em suas respostas às perguntas:

- O sol deixa de existir durante a noite ou quando você não pode vê-lo entre as nuvens?
- Você deixa de amar as pessoas quando elas moram longe e não pode vê-las com frequência?
- Você desiste de lutar por seus sonhos por não ter certeza se irá conseguir conquistá-los?

✶ Converse com seu grupo de catequese sobre suas respostas. Procure identificar quais relações podemos identificar entre elas e o fato de nós acreditarmos em algo que nem sempre vemos ou podemos pegar.

CRESCER COM A PALAVRA

 A fé é o que fundamenta a nossa relação com Deus, é ela que nos aproxima d'Ele e de suas promessas. Para entender melhor, acompanhe a leitura do texto bíblico.

 Hb 11,1-3.33-34

Tua Palavra é luz para o meu caminho.

- Retome em silêncio, a leitura dos versículos 1 a 3.

1. A partir do texto bíblico, responda:

a. O que é fé? Compartilhe com seu grupo.

_____

_____

_____

⏻ SE LIGA no catequista. Ele vai explicar por que há uma caixa de remédios junto aos símbolos da ambientação do encontro.

O Catecismo da Igreja Católica (n. 27) afirma que:

> _O desejo de Deus é um sentimento inscrito no coração do homem, já que o homem foi criado por Deus e para Deus; e Deus não cessa de atrair o homem a si, e somente em Deus o homem há de encontrar a verdade e a felicidade que não cessa de procurar._

Se somos de Deus, é natural que nosso coração esteja sempre desejoso d'Ele.

2. Quando você precisa ou sente a presença de Deus em sua vida?

_____

_____

_____

_____

3. Como reconhece que Deus cuida de você? Comente com seu grupo de catequese.

_____

_____

_____

_____

O nosso sentimento ainda é pequeno diante do amor que Deus tem por nós. Ele nos ama desde sempre, por isso quer que estejamos próximos e nos convida à intimidade, dialoga conosco, nos cuida e nos orienta através dos ensinamentos de Jesus e da ação de seu Espírito em nós.

Sentimos a presença de Deus atuando em nossas vidas por meio de um presente: o dom da fé que nos é oferecido por Ele. E assim como se espera um agradecimento de quem presenteamos, Deus espera de nós uma resposta humana dada com o uso de nossa inteligência, de nossa liberdade e de nossa vontade, conscientes de que temos NECESSIDADE d'Ele.

4. Observe a imagem e converse com o catequista sobre o que precisamos para estimular a nossa fé.

5. A partir das reflexões, complete a nuvem com palavras que expressem a sua necessidade de Deus. Inclua palavras relacionadas também ao que você precisa para amadurecer na fé e fazê-la brilhar como luz no mundo.

FÉ

CRESCER NA ORAÇÃO

A fé não é uma simples crença; é graça de Deus que se desenvolve em nossas vidas. Para isso, no entanto, é preciso buscar conhecimento e agir, principalmente cultivando a oração, para que a fé frutifique. Faça agora sua conexão com o Senhor. Rezemos:

Deus Uno e Trino, eu creio, mas preciso da sua mão a me guiar. Concede-me a coragem para fortalecer minha fé e continuar a crer; para que eu possa ser fiel à proposta de Jesus, seu Filho amado, e anunciá-lo ao mundo. Amém!

CRESCER NO COMPROMISSO

Às vezes nos deparamos com imagens como essa em momentos decisivos de campeonatos esportivos, quando um dos times precisa de uma virada muito significativa no placar para vencer. Em coro, a torcida grita de modo silabado: "Eu a-cre-di-to!". O gesto dá ânimo ao time para jogar com mais "raça" e, principalmente, enche a todos de esperança.

A fé fundamenta nossa esperança. Mesmo diante de grandes dificuldades, continuamos tentando, jogando e dando o melhor de nós para alcançar a salvação.

Se o time perde, a tristeza abate a torcida, traz choro, mas dificilmente vemos alguém deixar de torcer por seu time por causa de uma derrota. Assim também é a fé; ela não esmorece diante das dificuldades.

✶ Que tal você se comprometer a cuidar da sua fé? Para isso, escreva quais ações você precisa colocar em prática para fazê-la brilhar.

_____
_____
_____
_____
_____
_____
_____
_____
_____

"Pela fé, eles conquistaram reinos, exerceram a justiça, alcançaram as promessas."
(Hb 11,33)

2

A FÉ: NOSSA RESPOSTA AO DOM DE DEUS

Cremos no Deus da vida que "amou tanto o mundo que entregou o seu Filho único para que todo aquele que nele crer não morra, mas tenha a vida eterna" (cf. Jo 3,16). Como temos certeza disso? Jesus ressuscitou, e esse fato é único. A resposta que o Deus da vida espera de nós é a nossa abertura para conhecer Jesus e seus ensinamentos, bem como seu convite para segui-lo.

CRESCER COM A PALAVRA

Obedecer é uma palavra que vem do latim *oboedire*, que significa "escutar com atenção". Podemos dizer que a partir da escuta atenciosa aceitamos a ordem que nos foi dada por outra pessoa, mas fazemos isso não porque temos medo das consequências, e sim por amor e respeito à autoridade que nos ordena.

Quando falamos de obediência a Deus, escutamos com atenção sua proposta de amor e respondemos agindo porque o amamos, assim como Jesus nos ensinou.

 Participe da leitura orante com seu grupo, acompanhando em sua Bíblia. Fique atento ao que podemos aprender com Jesus sobre a obediência.

 Hb 5,7-9

Tua Palavra é luz para o meu caminho.

Jesus, mesmo sendo o Filho de Deus, precisou aprender o que é obedecer. Por isso, em meio aos sofrimentos, viveu até as últimas consequências as exigências de sua missão. As palavras "Nos dias de sua vida mortal dirigiu preces e súplicas entre veementes clamores e lágrimas" (Hb 5,7) são fortes e nos mostram que os acontecimentos para Jesus não foram fáceis. Ele também duvidou quando suplicou ao Pai que afastasse o "cálice" do sofrimento, mas, após o breve momento de dúvida humana, compreendeu que a ação de Deus era maior – a salvação eterna (Lc 22,42). Ao contemplarmos as atitudes de Jesus, recebemos seu testemunho sobre a obediência e somos por Ele convidados a obedecer.

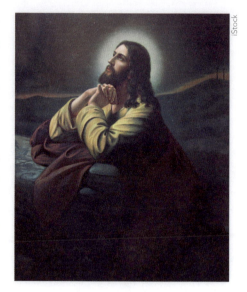

1. Agora é com você: escreva uma definição para obediência.

Obediência é...

_____
_____
_____
_____
_____

2. Vamos olhar para nossa vida e responder às seguintes questões:

a. Como estou no quesito "obediência"?

_____
_____

b. Obedeço às regras sociais?

_____

c. "Ouço com atenção" a minha família?

_____

d. Ouço a Deus com atenção e respondo a Ele com atitudes de fé?

_____

e. Obedeço às regras e às pessoas por ser o certo a fazer ou porque temo as consequências?

Jesus nos mostrou ser uma pessoa de fé por meio de sua obediência e de suas atitudes. Bem sabemos que Ele viveu como homem em um mundo onde pecadores, egoístas e gananciosos partilham espaços com pessoas acolhedoras, fraternas e capazes de ajudar o próximo; enfim, um mundo com pessoas descritas por muitos outros adjetivos positivos e negativos. Jesus viveu e agiu segundo os princípios do Pai, deixando-nos o exemplo de como fazer isso em nossas próprias realidades.

3. Leia os textos e registre as atitudes de Jesus que são exemplos de quem vive a sua fé.

"Os escribas, que eram fariseus, viram que ele comia com pecadores e cobradores de impostos e disseram aos discípulos: 'Por que ele come e bebe com os cobradores de impostos e com os pecadores?'" (Mc 2,16)

"Mandou a multidão sentar-se na grama. Depois tomou os cinco pães e os dois peixes, levantou os olhos para o céu e rezou a bênção; partiu então os pães, deu-os aos discípulos e estes à multidão." (Mt 14,19)

"Se teu irmão pecar contra Ti, repreende-o; e se ele se arrepender, perdoa-lhe." (Lc 17,3b)

"Naqueles dias, Jesus veio de Nazaré da Galileia e foi batizado por João no Jordão." (Mc 1,9)

"Quem de vós se tiver cem ovelhas e perder uma, não deixa as noventa e nove no campo e vai em busca da ovelha perdida até encontrá-la?" (Lc 15,4)

"Como insistissem em perguntar, ergueu-se e lhes disse: 'Aquele de vós que estiver sem pecado atire-lhe a primeira pedra'." (Jo 8,7)

"Levando-o para o alto, o diabo mostrou-lhe, num instante, todos os reinos do mundo e disse: 'Eu te darei o poder e a glória de todos esses reinos, porque a mim foram confiados e eu dou a quem quiser. Se te prostrares, pois, diante de mim, tudo será teu.' Jesus lhe respondeu: 'Adorarás o Senhor teu Deus e só a ele servirás'." (Lc 4,5-8)

4. Jesus é nosso modelo de pessoa de fé. A partir das atitudes destacadas, elabore uma descrição de como seria, na sua opinião, uma pessoa de fé atualmente.

_____

_____

_____

_____

CRESCER NA ORAÇÃO

Acompanhe e participe da dinâmica que o catequista irá propor. Depois concluam rezando juntos:

Senhor, que a luz do Céu faça morada em meu coração. Que a luz de Jesus brilhe através de minhas ações e que a minha luz possa brilhar no mundo, fazendo dele um pedaço do Céu na Terra. Que Maria, nosso modelo de fé, interceda por nós sempre. Amém!

CRESCER NO COMPROMISSO

O Papa Francisco escreveu para os jovens, em 2019, após o Sínodo da Juventude:

SÍNODO: Assembleia com bispos do mundo todo, convocada pelo Papa para tratar assuntos ou problemas que dizem respeito à Igreja.

> *Buscar o Senhor, guardar a sua Palavra, tratar de respondê-lo com a própria vida, crescer nas virtudes, isso fortalece os corações [...]. Para isso, é preciso manter a conexão com Jesus, estar em sintonia com Ele, já que não crescerás na felicidade e na santidade apenas com tuas forças e tua mente. Assim como te preocupa não perder a conexão com a internet, cuida para que tua conexão com o Senhor esteja sempre ativa, e isso significa não cortar o diálogo, escutá-lo, contar tuas coisas, e quando não souber com clareza o que deve fazer, pergunta: Jesus, que farias tu no meu lugar? (ChV, n. 158)*

Esse texto do Papa nos recorda uma canção do Padre Zezinho chamada *Amar como Jesus amou*, que nos fala das atitudes de Jesus. Em nosso encontro refletimos sobre a fé e como Jesus nos ensina com sua vida. Que tal, durante a semana, você escutar essa música, analisar a letra e, a partir do refrão, tentar responder:

- Em que essa música me ajuda a fortalecer e cultivar a minha fé?

"Embora fosse Filho de Deus, aprendeu a obediência por meio dos sofrimentos."
(Hb 5,8)

Lembrete
Para o próximo encontro, trazer seu celular.

3

CREIO EM DEUS, PAI AMOROSO

Na oração do Creio afirmamos que cremos em Deus Pai, que é Todo-Poderoso e Criador do céu e da Terra. O poder criador de Deus é realizado por sua Palavra – "Deus disse: 'Faça-se a luz!' E a luz se fez" (Gn 1,3). Deus cria a partir do nada; nada existia, mas por sua palavra o Universo vai surgindo. E nenhum detalhe é esquecido pelo Criador. Tudo o que Ele cria é bom. O Criador não para por aí, no entanto; quer sua "imagem e semelhança" entre suas criaturas, e faz surgir a humanidade.

Você já fez a experiência de olhar uma bela paisagem, ou o pôr do sol, e sentiu-se encantado com tanta beleza? Pois saiba que, por meio da criação de Deus, podemos sentir sua presença e seu amor.

Vamos fazer um belo momento de contemplação? Siga as orientações do catequista.

✶ Após participar do momento de contemplação, anote nos espaços o que observou, classificando em elementos criados por Deus e elementos criados e/ou transformados pelo ser humano.

Elementos criados por Deus	Elementos criados e/ou transformados pelo ser humano

✶ Sintetize a experiência de contemplação e reflexão elaborando uma frase que, para você, expressa a importância de tudo o que Deus criou.

_____

_____

CRESCER COM A PALAVRA

 Acompanhe a leitura do Livro de Isaías em sua Bíblia.

 Is 43,1-5a

Tua Palavra é luz para o meu caminho.

1. A partir do momento de contemplação, olhando a *selfie* ou o desenho que você fez, e com base no texto bíblico, responda: Quem é a pessoa amada por Deus?

_____

_____

_____

2. Releia o texto bíblico com um colega e anote as ações de Deus para com vocês. Anote também o que somos para Ele. Ajuda se você se concentrar nos verbos.

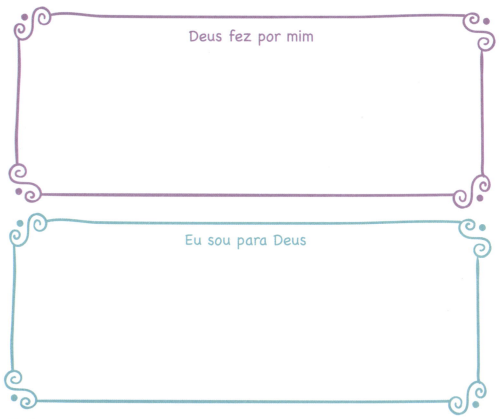

Deus fez por mim

Eu sou para Deus

3. Enquanto observa a imagem, ouça a canção que o catequista escolheu. Depois escreva quais sentimentos ela lhe desperta.

a. Converse com os colegas e catequista partilhando o que escreveu e reconhecendo quais são os sentimentos manifestados pelo seu grupo.

O profeta Isaías se faz porta-voz de uma mensagem de paz e esperança para o povo: "Não tenham medo, pois Deus nos ama e não nos abandona!". Sermos amados e cuidados, porém, não significa que não teremos dificuldades. Nossa vida é repleta de momentos difíceis, mas não podemos esquecer a promessa que nos foi feita: "Deus nos ama e está conosco".

CRESCER NA ORAÇÃO

"O essencial é invisível aos olhos. Só se vê bem com o coração", nos diz o Pequeno Príncipe no livro homônimo de Antoine de Saint-Exupéry. Sabemos, no entanto, que somos a geração da imagem. Nossos olhos andam sempre querendo "ver". Pois bem, em nossa relação com Deus acontece o mesmo: somos tão ansiosos por "ver" a Deus que, por vezes, não damos atenção aos vestígios que Ele espalhou pelo mundo.

Vamos rezar juntos o Salmo 8, *Hino ao Criador do homem*, que expressa a admiração de quem reconhece as marcas de Deus na criação e sua grandeza como um Criador que não esquece nenhum detalhe.

Senhor, nosso soberano, quão magnífico é teu nome por toda a terra, e tua majestade, situando-se acima dos céus! Pela boca das crianças e dos pequeninos fundastes uma fortaleza, para silenciar os inimigos e vingadores, porque são adversários teus. Quando contemplo o céu, obra de teus dedos, a lua e as estrelas que fixaste, o que é o homem para que te lembres dele? E o ser humano, para que dele te ocupes? Tu o fizeste um pouco inferior a um ser divino, tu o coroaste de glória e honra; deste-lhe o domínio sobre as obras de tuas mãos, tudo submeteste a teus pés; as ovelhas e todos os bois e até os animais selvagens, as aves do céu e os peixes do mar, tudo o que abre caminho pelo mar. Senhor, nosso soberano, quão magnífico é teu nome por toda a terra. (Sl 8,1-10)

CRESCER NO COMPROMISSO

Esperamos que você esteja se sentindo o ser mais importante que Deus colocou sobre a Terra. E Deus espera que você partilhe com os outros a grandeza do amor d'Ele. Então que tal expressar durante toda a semana sua gratidão a Deus pela criação?

Desafiamos você a pegar aquela foto do celular ou o desenho que fez no início do encontro e criar uma frase de louvor, para acrescentar como legenda. Depois encaminhe para seus contatos das redes sociais. Faça isso com outras imagens durante a semana.

Convidamos você a olhar a natureza todos os dias desta semana e entoar um louvor a Deus por aquilo que mais lhe chamar atenção. Em todos os momentos, lembre-se de que você é precioso para Deus e louve-o de coração. Lembre-se de mandar a mensagem, também, para o seu grupo de catequese e para seu catequista.

Hoje é você quem escolhe o versículo!

Lembrete

Para o próximo encontro, trazer as entrevistas solicitadas pelo catequista.

22

4

CREIO EM JESUS CRISTO

Professar a fé em Jesus exige conhecê-lo e, para isso, é preciso conviver com Ele. Um exemplo de quem fez esta experiência é Santo Agostinho. Ele foi um jovem que demorou muito para acreditar em Jesus. Entretanto, depois que o fez, tornou-se um dos maiores estudiosos da Igreja. O cristianismo passa a ser a razão de sua vida e, em um de seus estudos, ele nos brinda com a frase: "Ninguém ama aquilo que não conhece".

Antes de prosseguir com nossa conversa, pergunte-se e responda:

QUEM É JESUS PARA VOCÊ?

_____
_____
_____
_____
_____
_____
_____
_____
_____
_____

23

CRESCER COM A PALAVRA

Hoje nossa atenção se volta para a profissão de fé de Pedro, um simples pescador que estava na praia lançando suas redes e ENCONTROU-SE com Jesus. Para saber como isso aconteceu, leia com seu grupo o texto bíblico.

 Mc 8,27-30

Tua Palavra é luz para o meu caminho.

- Diante do texto que lemos, vamos refletir!
    - Você já parou para se perguntar como alguém deixa tudo o que tem e o que faz para seguir outra pessoa que nunca viu antes?
    - O que será que tinha de especial em Jesus? Seria seu jeito de olhar e falar? Seria o amor que seus gestos expressavam?

1. Que tal voltar ao texto e encontrar a passagem na qual Jesus pergunta aos discípulos quem é Ele? Agora responda:

    a. Quem é Jesus para as pessoas que não convivem com Ele? E para os discípulos, quem é Jesus?

    b. De acordo com a sua opinião, podemos dizer que as pessoas em geral, bem como os discípulos, entenderam quem, de fato, é Jesus?

⏻ **SE LIGA** no catequista que vai orientá-lo na dinâmica.

2. Depois de agrupar e analisar as respostas das entrevistas realizadas, escrevam as características de Jesus de acordo com cada idade.

Criança	
Jovem	
Amigo próximo	
Pais	
Idoso	

Quando pensamos mais sobre o Evangelho de Marcos e analisamos as respostas às entrevistas, percebemos que Jesus é visto e lembrado por diversas razões: por se parecer com antigos profetas e com João Batista; por ser Aquele que realiza curas, que alimenta e que faz milagres.

Pedro, contudo, responde de modo diferente: "Tu és o Cristo". Talvez você tenha pensado até hoje que "Cristo" era o sobrenome de Jesus. Os nomes e títulos atribuídos a Jesus estão cheios de significados lindos.

3. Forme os pares de significados numerando as palavras e expressões.

NAZARENO JAVÉ MESSIAS
JESUS SENHOR UNGIDO
NATURAL DE NAZARÉ SALVA DEUS
CRISTO

_____
_____
_____
_____
_____
_____

4. Com base na relação de palavras que você estabeleceu, e nas informações do catequista, explique o que nos diz o nome "Jesus Cristo".

_____
_____
_____

Voltemos a pensar na resposta de Pedro à pergunta de Jesus: "Tu és o Cristo". Depois de conviver com Jesus, presenciar seus feitos e suas curas, ouvir inúmeras vezes sua proposta, partilhar de sua compaixão e caridade, Pedro vê que Jesus é o Messias, o Ungido do Pai para ser Senhor da salvação de toda a humanidade. A declaração de Pedro vem do seu coração, que agora nutre uma profunda amizade com Jesus.

5. O que você faz para nutrir sua amizade com Jesus Cristo?

_____
_____
_____
_____
_____
_____
_____

CRESCER NA ORAÇÃO

O Papa Francisco nos lembra: "Com o amigo falamos, compartilhamos as coisas mais secretas. Com Jesus também conversamos. A oração é um desafio e uma aventura. (...) Rezando 'abrimos o jogo' com ele e lhe damos espaço (...)" (ChV, n. 155). Que tal dar espaço para Jesus e firmar, com Ele, uma amizade maneira?

> *Jesus Cristo, filho único de Deus e Senhor,*
> *Quero ser teu amigo e conhecê-lo mais e melhor a cada dia.*
> *Dá-me a graça de encontrá-lo. Dá-me a graça do teu amor.*
> *Mostra-me teus caminhos para que eu possa caminhar com segurança.*
> *Ajuda-me a compreender teus ensinamentos e, mais ainda, a vivê-los.*
> *Ajuda-me a amar as pessoas como tu amas.*
> *Que o mundo veja pelo amor que és Jesus Cristo, Filho único do Pai que vive e reina em unidade com o Espírito Santo. Amém.*

CRESCER NO COMPROMISSO

Para conhecer alguém é preciso conviver com a pessoa, cultivar a intimidade, viver momentos juntos. Nossa relação com o Senhor também é assim; precisamos trazê-lo para as nossas vidas mais vezes, pois assim poderemos conviver com Ele e aprofundar nossa amizade.

Propomos a você o compromisso de sempre conviver mais com Jesus. Para isso, durante a semana, reserve um horário para estar com Ele, pois a amizade só se fortalece com a convivência.

✶ Para que você possa ser fiel a esse compromisso, vamos sugerir um esquema de atividades para cada dia. É possível adaptá-lo a seus horários e até inverter os dias das atividades, mas se dedique a realizar todas. Aproveite o espaço e registre o que sentiu em cada encontro com Jesus.

O que senti...

Segunda-feira

Chame-o para conversar contando o que viveu durante o dia.

O que senti...

Terça-feira

Converse com Jesus realizando uma leitura orante da Palavra com o texto de Mc 8,27-30.

Quarta-feira

Escolha um lugar bem bonito, que o deixa feliz, e faça uma oração de agradecimento e louvor a Jesus.

O que senti...

Quinta-feira

Crie uma *playlist* só com músicas sobre Jesus para você escutar e meditar, de modo que elas o ajudem em momentos de oração.

O que senti...

Sexta-feira

Chame Jesus para ajudá-lo a dar uma olhada nas coisas que você fez e não foram legais durante a semana. Depois peça perdão a Ele e a quem mais você precisar pedir.

O que senti...

Sábado

Faça sua oração de agradecimento por ter se aproximado mais de Jesus e depois responda novamente: "Quem é Jesus para você?".

O que senti...

Domingo

Só alegria! Hoje é dia de encontrar Jesus na missa, junto com a comunidade.

O que senti...

"Ninguém ama aquilo que não conhece, e ninguém se esquece daquilo que ama."
(Santo Agostinho)

5

CREIO NO ESPÍRITO SANTO

Nossa fé tem como alicerce a convivência harmoniosa de Deus em suas três pessoas: o Pai Criador que envia o Filho, sobre o qual repousa o Espírito. Jesus agia pela força do Espírito Santo. Na verdade, tudo o que acontecia com Ele era por obra do Espírito. O Pai é amor; o Filho é amor; o Espírito é o amor que Pai e Filho trocam entre si, e desejam que chegue até nós.

CRESCER COM A PALAVRA

 Antes de ler e refletir sobre o texto bíblico do nosso encontro, vamos rezar:

Senhor, que pela luz do Espírito Santo eu compreenda mais e mais tua Palavra de vida e salvação. Amém.

 Jo 14,21.23b-26

Tua Palavra é luz para o meu caminho.

Nossa mente parece ter dificuldade de estabelecer uma compreensão do que é, ou de quem é, o Espírito Santo. Quando falamos em Pai e Filho, nossos sentidos logo constroem em nossa mente a imagem de pessoas humanas, mas as palavras "Espírito Santo" não nos remetem a uma imagem semelhante. Embora a Bíblia e a liturgia estejam repletas de referências ao Espírito Santo, elas também fazem uso de símbolos para representá-lo. Vejamos quais são:

🕐 **SE LIGA** na conversa sobre os símbolos do encontro.

1. Qual dos símbolos representa melhor a imagem que você tem do Espírito Santo? Por quê?

_____
_____
_____
_____

2. Nas palavras de Jesus, o que o Espírito Santo fará por nós?

A palavra "espírito" é a tradução de *rúah*, que, na língua hebraica, significa sopro, respiração, hálito de Deus; ainda, é a tradução da palavra grega *pneuma*, que significa soprar, respirar, vento, espírito aéreo. O primeiro movimento que fazemos na vida é justamente o de sentir o ar entrar por nossas narinas e inflar nossos pulmões. A partir daí estamos vivos, porque inspiramos e expiramos.

Talvez este seja para nós o símbolo mais claro do Espírito Santo: não vemos o ar, mas sentimos; não podemos retê-lo, mas não vivemos sem ele. Espírito Santo é sopro de Deus no nosso agir. Sua presença ora tem força de tempestade, ora é brisa refrescante que nos traz serenidade.

3. A ação do Espírito Santo em nós produz um agir centrado no bem, na justiça e no amor. Em Gl 5,22-23 podemos encontrar o que chamamos de "frutos do Espírito".

a. Para saber quais são, escolha um dos selos que seu catequista irá oferecer. Leia e pense sobre o que está escrito no selo que escolheu, depois partilhe com seu grupo para que possam conhecer quais são os frutos do Espírito Santo e registre-o aqui.

b. Você pode fazer uma rápida análise do seu agir e escrever quais dos frutos do Espírito Santo precisam ser desenvolvidos em suas atitudes.

CRESCER NO COMPROMISSO

O Papa Francisco, em sua Homilia de 11 de maio de 2020, disse: "O Espírito Santo nos guia para discernir: o que devo fazer agora, qual é o caminho certo e qual é o errado (...) Se pedirmos a luz do Espírito Santo, Ele nos ajudará a discernir para tomar as verdadeiras decisões, as pequenas de todos os dias e as maiores".

✶ Durante esta semana, faça o propósito de pedir ao Espírito Santo que o ajude a desenvolver o fruto do Espírito que está frágil em você.

CRESCER NA ORAÇÃO

Composto no século IX, o *Veni Creator Spiritus* é um hino em honra ao Espírito Santo. Tradicionalmente é entoado na Festa de Pentecostes e em outras ocasiões, como no sacramento da Confirmação (Crisma).

No encontro de hoje refletimos sobre o Espírito Santo, agora somos convidados a rezar invocando sua presença em nossas vidas:

Veni Creator Spiritus (Vem, Espírito Criador)

Vinde Espírito Criador, a nossa alma visitai
e enchei os corações com vossos dons celestiais.
Vós sois chamado o Intercessor de Deus excelso dom sem par,
a fonte viva, o fogo, o amor, a unção divina e salutar.
Sois o doador dos sete dons e sois poder na mão do Pai,
por Ele prometido a nós, por nós seus feitos proclamai.
A nossa mente iluminai, os corações enchei de amor,
nossa fraqueza encorajai, qual força eterna e protetor.
Nosso inimigo repeli, e concedei-nos a vossa paz,
se pela graça nos guiais, o mal deixamos para trás.
Ao Pai e ao Filho Salvador, por vós possamos conhecer
que procedeis do Seu amor, fazei-nos sempre firmes crer.
Amém!

"Mas o Paráclito, O Espírito Santo que o Pai enviará em meu nome, ele vos ensinará tudo e vos trará à memória tudo quanto eu vos disse." (Jo 14,26)

Celebração comunitária

ENTREGA DO SÍMBOLO DA FÉ

ENTREGA DO SÍMBOLO (ORAÇÃO DO CREIO)

Aproximem-se os catequizandos para receberem da Igreja o Símbolo da Fé.

Presidente: Caríssimos, agora vocês receberão as palavras de fé pela qual serão salvos. São poucas, mas contêm grandes mistérios. Recebam e guardem essas palavras com pureza de coração.

Prezados catequizandos, ajoelhem-se para a oração sobre vocês.

Presidente: Oremos pelos nossos catequizandos:

Que o Senhor nosso Deus abra os seus corações e as portas da misericórdia para que, perdoados os seus pecados, sejam incorporados no Cristo Jesus.

Presidente: *Senhor, fonte da luz e da verdade, imploramos vosso amor de Pai em favor destes vossos servos. Purificai-os e santificai-os; dai-lhes verdadeira ciência, firme esperança e santa doutrina para que vivam plenamente a vida em Cristo. Por nosso Senhor Jesus Cristo, que vive e reina convosco e com o Espírito.*

Todos: Amém.

Segue a celebração normalmente.

2 BLOCO

FÉ
CELEBRADA

6 RITOS DA MISSA: PASSOS PARA UM ENCONTRO COM O SENHOR

7 GESTOS E POSIÇÕES DO CORPO: INSTRUMENTOS PARA A COMUNHÃO COM DEUS

8 BENDITO SEJA DEUS QUE NOS REUNIU NO AMOR DE CRISTO

9 ENCONTRO CELEBRATIVO
O DOM DO AMOR E DO SERVIÇO

6

RITOS DA MISSA: PASSOS PARA UM ENCONTRO COM O SENHOR

A Celebração Eucarística não é uma simples celebração humana, mas fruto da vontade de Jesus de encontrar-se conosco, assim como Ele se encontrou, ensinou e celebrou com seus discípulos. Ao participar da missa ouvimos os ensinamentos de Jesus e, como irmãos, vivenciamos de uma maneira própria os gestos, as palavras e a vida d'Ele na celebração da Eucaristia.

CRESCER COM A PALAVRA

 O texto bíblico deste encontro é uma das mais antigas narrações da Última Ceia quando, pela primeira vez, Cristo celebrou a Eucaristia com seus discípulos.

Procure se sentar de maneira confortável, respire fundo, feche seus olhos e acompanhe a leitura.

 1Cor 11,23-26

Tua Palavra me leva a celebrar teu amor.

1. Releia o texto e responda:

   a. Quais os gestos de Jesus?

   _____
   _____
   _____

b. Em que momento da missa as palavras de Jesus são repetidas?

_____

_____

c. Qual ensinamento esse texto nos transmite?

_____

_____

_____

_____

_____

Já identificamos que a narrativa do texto são as palavras da consagração. Você sabia que essa é a parte central da Celebração Eucarística? Ao redor dela se desenvolvem os demais ritos litúrgicos. Espera! Você sabe o que é um rito litúrgico?

> Ritos litúrgicos são gestos, símbolos e palavras pelos quais nos comunicamos com Deus e Ele conosco.

A Celebração Eucarística é um todo, não há como dividi-la. Mas nela há momentos distintos. Por isso é importante conhecer o sentido de cada momento e compreender sua finalidade no conjunto da celebração. Estes momentos são: os Ritos iniciais, a Liturgia da Palavra, a Liturgia Eucarística e os Ritos finais. Vamos conhecê-los melhor?

RITOS INICIAIS

Iniciamos a missa com a acolhida do presidente da celebração (padre) com o sinal da cruz, sinal do cristão, colocando a nossa vida e todas as nossas ações nas mãos da Santíssima Trindade.

Com o ato penitencial somos convidados a nos reconhecer necessitados da misericórdia de Deus. Com o Hino de Louvor, o Glória (menos nos tempos do Advento e da Quaresma), expressamos nossa gratidão. Depois o sacerdote, por meio da oração da coleta, reúne as intenções de cada um para a missa.

LITURGIA DA PALAVRA

É o próprio Jesus quem fala quando se leem as leituras da Bíblia na missa. A Palavra de Deus proclamada na assembleia reunida se faz nosso alimento e ilumina a comunidade, para que seu sentido seja compreendido por todos.

Na Liturgia da Palavra dominical encontramos:

- **Primeira leitura**, quase sempre retirada do Antigo Testamento; salmo responsorial, que é nossa resposta a Deus, aceitando e concordando com sua Palavra; e segunda leitura, retirada do Novo Testamento, que ajuda a comunidade a conhecer melhor a missão de Jesus.

- **Proclamação do Evangelho**, que é a Boa-Nova de Jesus.

- **Homilia**, explicação e atualização da Palavra proclamada para a nossa vida hoje.

- **Profissão de fé**, quando afirmamos (professamos) publicamente aquilo em que acreditamos, as verdades da nossa fé, e afirmamos que cremos na Palavra que ouvimos, de modo que queremos colocá-la em prática.

- **Oração da assembleia ou oração universal**, quando a comunidade dirige suas preces a Deus colocando em suas mãos as necessidades da Igreja, dos doentes e da própria comunidade.

LITURGIA EUCARÍSTICA

"Por Cristo, com Cristo e em Cristo"; é por meio de Jesus, com Ele e n'Ele que damos graças e louvamos nosso Deus! Afinal, foi Jesus quem disse ser o Caminho que leva ao Pai.

Tendo ouvido e acolhido o ensinamento de Jesus, podemos nos reunir à volta da mesa eucarística (altar) onde Ele se faz alimento. A comunidade reunida participa da refeição do pão e do vinho que se tornam Corpo e Sangue de Cristo. Quando recebemos a Eucaristia participamos da vida, morte e ressurreição de Jesus, assim como de sua missão.

A estrutura da Liturgia Eucarística repete a Última Ceia de Jesus:

- **Na apresentação dos dons**, o altar é preparado para oferecer o sacrifício de Jesus a Deus. Pão e vinho, frutos do trabalho do homem, são apresentados a Deus junto com a nossa vida. A oferta material é sinal da generosidade da gratidão do povo.

- **No momento da Oração Eucarística** somos convidados pelo sacerdote a elevar nossos corações a Deus. Quem preside a celebração pede ao Pai que envie seu Espírito Santo sobre o pão e o vinho para que se tornem Corpo e Sangue de Jesus Cristo, e para que a assembleia seja um só corpo e um só espírito. As palavras de Jesus na Última Ceia são repetidas pelo sacerdote. Estamos diante do mistério de Deus.

- **Na Comunhão**, antes de recebermos o Corpo e Sangue de Cristo, rezamos juntos a Oração do Senhor, saudamo-nos com a paz de Cristo e nos dirigimos até o altar para comungar. Receber o Corpo e o Sangue de Cristo é, também, comungar com sua vida e missão, com suas opções. É tornar-se como Cristo no mundo em que vivemos e agir, em nosso dia a dia, como Ele agiu.

RITOS FINAIS

"O Senhor esteja convosco. Ele está no meio de nós!". Se Jesus está entre nós, devemos ter com nossos irmãos e irmãs as mesmas atitudes que Ele.

- A missa termina com a **bênção** e o **envio** para anunciar o Deus que age em nossa história e caminha conosco, até que todas as pessoas o reconheçam como o seu Senhor. A comunidade se despede e segue para viver a missa da vida, disposta a continuar a missão de Jesus no mundo.

⏱ **SE LIGA** no seu catequista que vai orientar o trabalho agora!

2. Escreva sua conclusão sobre o que descobriu e aprendeu sobre a missa.

_____

_____

_____

_____

_____

_____

_____

_____

_____

_____

CRESCER NA ORAÇÃO

Rezemos juntos:

Todos: *Senhor Jesus, vem nos ensinar com tua Palavra! Ajuda-nos a compreender que longe de Ti nada podemos fazer. Ajuda-nos a perceber que o melhor jeito de viver ao teu lado é parti-lhando com a comunidade o amor, a solidarie-dade e a gentileza. Que cada missa renove em nós a certeza de que permaneces conosco.*

Catequista: Queridos catequizandos, vamos em paz! Mostremos ao mundo, com nossas vidas, a alegria de quem conhece Jesus, pois Ele está conosco.

Todos: Ele está no meio de nós e conosco caminha. Amém.

CRESCER NO COMPROMISSO

✷ Converse com sua família sobre o que aprendeu em relação à missa. Procure explicar a importância de toda a celebração e, com seus familiares, escolha um compromisso que os ajude a participar melhor das celebrações em sua comunidade. Anote-o aqui.

_____
_____
_____
_____
_____
_____
_____
_____

"Pois todas as vezes que comerdes desse pão e beberdes desse cálice, anunciareis a morte do Senhor, até que Ele venha." (1Cor 11,26)

Lembrete
Prepare-se para o próximo encontro participando de uma Celebração Eucarística e prestando atenção às posições do corpo, do padre e da assembleia. Anote o que observou para partilhar com o grupo no próximo encontro.

7

GESTOS E POSIÇÕES DO CORPO: INSTRUMENTOS PARA A COMUNHÃO COM DEUS

Na liturgia, que é uma ação comunitária de toda a Igreja, somos chamados a celebrar a nossa fé. Para nós, católicos, a principal celebração litúrgica é a missa, da qual participamos de maneira consciente, ativa e afetiva. E como fazemos isso? Usando sons, palavras, gestos e símbolos que têm a função de servir de pontes para ajudar as pessoas a realizarem o seu encontro, a sua proximidade, com Deus e a manifestarem a sua fé.

A liturgia cristã é bastante simbólica. Por símbolo entendemos um sinal visível com a força de tornar presente uma realidade escondida ou invisível, porém cheia de significado para nós. É algo que nos faz lembrar alguém ou algum acontecimento, ajudando-nos a compreender e sentir o que não podemos ver ou assimilar totalmente.

CRESCER COM A PALAVRA

Por muito tempo os israelitas sofreram pelo fato de o maior símbolo de sua fé, a Arca da Aliança, estar em terra estrangeira. Por isso, ao vencerem o exército inimigo e recuperá-la, a alegria tomou conta de todos. Acompanhe a leitura do texto bíblico para conhecer a procissão que leva a Arca da Aliança, esse importante símbolo religioso para o povo de Israel.

 2Samuel 6,1-3a.5

Tua Palavra me leva a celebrar teu amor.

1. Releia o texto bíblico e responda às questões:

   a. Por que a Arca da Aliança é tão importante para o povo de Israel?

   b. Quais as ações de Davi durante a procissão que leva a Arca?

   c. O que podemos aprender com Davi?

O texto de Samuel nos mostra que Davi louvou a Deus com todo o seu ser, pois cantou e dançou enquanto a Arca da Aliança era levada para Jerusalém. Suas ações nos mostram que para bem participar da Celebração Eucarística é necessário ter atenção e estar presente com todo o nosso ser. De fato, corpo, mente e coração se unem por um mesmo desejo: louvar e bendizer a Deus com a comunidade reunida.

Em uma celebração litúrgica somos convidados a participar de cada momento com a mesma concentração e intenção de Davi nesse texto, colocando-nos diante de Deus para rezar, cantar e louvar a grandeza divina.

Por se tratar de um ato comunitário, participar da missa também requer gestos e posições do corpo que colaborem na dinâmica da celebração. Vejamos quais são:

Quando assumimos a postura de estar em pé, comunicamos a mensagem de que estamos atentos, de prontidão e disponíveis para agir.

Sentados mostramos a nossa disposição para escutar a Deus que fala conosco e com Ele conversar; é também sinal de tranquilidade e concentração.

Estar de joelhos é sinal de adoração, reverência e profundo respeito ao mistério que se celebra; demonstra confiança no Senhor.

SE LIGA no catequista, pois ele vai orientar a dinâmica.

2. De acordo com a dinâmica realizada, registre no seu livro os momentos relativos a cada posição do corpo.

46

CRESCER NO COMPROMISSO

✴ Durante a semana, retome o texto de 2Sm 6,1-3a.5. Com a ajuda de sua família, componha uma oração pedindo a Deus que o ajude a servi-lo de corpo, mente e coração, sem perder a alegria e o entusiasmo.

_____
_____
_____
_____
_____
_____
_____
_____
_____
_____

CRESCER NA ORAÇÃO

Os salmos são orações que nos ajudam a conversar com Deus na intimidade do nosso ser. O Salmo 150 é um hino de louvor e nos mostra que todos os instrumentos podem ser usados para proclamar a grandeza de Deus. Em nosso encontro, refletimos que somos convidados a louvar o Senhor com todo o nosso ser, por isso encontre em sua Bíblia e reze o Salmo 150.

Hoje é você quem escolhe o versículo!

8

BENDITO SEJA DEUS QUE NOS REUNIU NO AMOR DE CRISTO

Jesus, durante sua vida, ensinou e realizou milagres, porém não deixou nada escrito. Após sua morte e ressurreição, seus amigos reuniram as lembranças do que Ele fez e falou em livros que chamamos de Evangelhos. Nestes livros também escreveram sobre a vida e missão dos primeiros cristãos. Tais escritos formam o Novo Testamento e, juntamente com os livros do Antigo Testamento que contam a história do povo de Israel, compõem a Bíblia Sagrada, nossa principal fonte de conhecimento sobre Jesus. A Igreja, como mãe cuidadosa, organizou uma sequência de leituras bíblicas que chamamos de Ano Litúrgico, o período no qual a Igreja reunida recorda e revive a passagem de Jesus na Terra, o que Ele fez e ensinou, tornando presentes estes acontecimentos em nossas vidas. Assim, podemos dizer que o Ano Litúrgico se torna um caminho que nos ajuda a crescer e testemunhar a fé em Cristo.

CRESCER COM A PALAVRA

 O texto bíblico deste encontro nos fala do desafio de viver como Cristo. Se acompanharmos com a Igreja o Ano Litúrgico, faremos a experiência de nos tornar mais parecidos com Jesus, aprendendo a viver como Ele. Vamos ler o que a Bíblia nos diz sobre isso.

 Fp 2, 5-11

Tua Palavra me leva a celebrar teu amor.

1. Releia o texto de Fp 2,5-11, em sua Bíblia, e responda às questões:

    a. O que, para você, significa viver como Jesus?

    b. Como podemos ter os mesmos sentimentos de Jesus? Que atitudes devemos ter para isso?

O Ano Litúrgico tem dois momentos fortes: o Ciclo do Natal e o Ciclo Pascal. Entre eles encontramos o Tempo Comum, dividido em duas partes: a primeira após o Ciclo do Natal e a segunda após o Ciclo Pascal.

Vamos conhecer melhor como estão organizados os ciclos do Ano Litúrgico?

CICLO DO NATAL

O Ciclo do Natal é formado pelo Tempo do Advento e do Natal. Nesse período celebramos os mistérios da Encarnação e do Nascimento de Jesus. As cores usadas na liturgia são roxo e branco. O Advento é marcado por duas características: a preparação para a celebração do Natal, na qual comemoramos o nascimento de Jesus, e o fato de os corações se voltarem para a expectativa da segunda vinda de Cristo no final dos tempos. O Advento se inicia quatro domingos antes da celebração do Natal e se encerra no dia 24 de dezembro. É um tempo marcado pela esperança e pelo desejo de que Cristo se manifeste na nossa história. O Tempo do Natal se inicia com a celebração do Natal e vai até a festa do Batismo de Jesus. É um momento marcado por alegria, paz e empenho na construção de um mundo novo.

CICLO DA PÁSCOA

O Ciclo da Páscoa é formado pelo Tempo da Quaresma e o Tempo Pascal. Os mistérios que celebramos são a Paixão, Morte e Ressurreição de Jesus. As cores usadas na liturgia são roxo, vermelho e branco. A Quaresma é o tempo de conversão e preparação para a celebração da Páscoa. Nesse período somos convocados a praticar a oração, o jejum e a caridade. O Tempo Pascal se inicia com a celebração do Domingo da Ressurreição de Jesus e se prolonga por 50 dias até a Solenidade de Pentecostes. Por meio da reflexão sobre o mistério da Ressurreição de Jesus, somos convidados a nos tornar suas testemunhas com nossas palavras e obras.

CICLO COMUM

O Ciclo Comum é dividido em duas partes: a primeira vai da Festa do Batismo de Jesus até a Quarta-Feira de Cinzas, já a segunda vai da celebração de Pentecostes até a Festa de Cristo Rei. Nesse tempo somos convidados a refletir sobre a vida e os ensinamentos de Jesus.
A cor usada na liturgia é a verde. No Ciclo Comum, a liturgia volta a celebrar a atividade pública de Jesus e nos ajuda a crescer em nossa fé, por meio da escuta da Palavra.

2. Leia o texto sobre os ciclos do Ano Litúrgico e complete a atividade.

CICLO DO NATAL	CICLO DA PÁSCOA	CICLO COMUM
Mistérios celebrados:	Mistérios celebrados:	Mistérios celebrados:
Cores:	Cores:	Cores:
Duração:	Duração:	Duração:
O que esse tempo nos pede:	O que esse tempo nos pede:	O que esse tempo nos pede:

CRESCER NA ORAÇÃO

✴ Leia novamente o texto de Fp 2,5-11 e escreva uma prece ao Senhor, que está sempre disposto a escutar você!

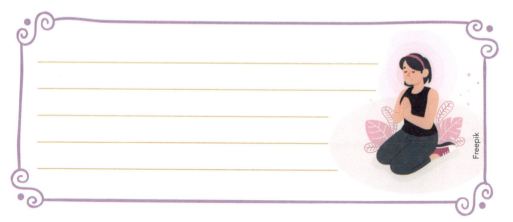

CRESCER NO COMPROMISSO

✴ Durante a semana releia com sua família o texto sobre o Ano Litúrgico. Juntos identifiquem qual ciclo estamos vivendo. Conversem sobre como podem participar melhor das celebrações em sua comunidade e qual atitude é possível realizar para testemunhar os ensinamentos de Jesus. Registre a experiência e as conclusões de sua família.

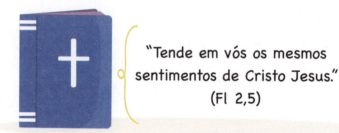

"Tende em vós os mesmos sentimentos de Cristo Jesus."
(Fl 2,5)

9

Encontro celebrativo
O DOM DO AMOR E DO SERVIÇO

ACOLHIDA

Catequista: Jesus se apresentou como o Pão da Vida, e a Igreja reconhece que a Eucaristia está no cento de toda a vida cristã. Na Eucaristia celebramos a comunhão fraterna e nos fortalecemos para a caminhada.

Todos: Levanta e come, o caminho é longo (1Rs 19,7).

Catequista: Vamos com alegria nos colocar na presença de Deus, invocando a Trindade Santa.

Todos: Em nome do Pai e do Filho e do Espírito Santo.

Leitor 1: O sentido mais profundo da vida cristã é expresso pela comunhão fraterna que acontece na partilha.

Todos: Somos chamados a viver o amor e a partilha.

Leitor 2: Jesus nos ensina a olhar para nossos irmãos e irmãs e reconhecer que todos têm o sonho de viver em plenitude, todos buscam a felicidade.

Todos: Jesus é Vida! Nele somos felizes!

REFLEXÃO PESSOAL

Catequista: Jesus é nosso amigo, nos ama e nos quer perto d'Ele. Façamos um exame de consciência: O que significa para você ser amado por Jesus e amá-lo?

PROCLAMAÇÃO DA PALAVRA

Catequista: Aclamemos a Palavra cantando.

Leitor: João 13,1-15.

REFLEXÃO SOBRE A PALAVRA

Catequista: Jesus, em sua Última Ceia com os amigos, fez um gesto significativo. Vamos repetir esse gesto agora lavando os pés uns dos outros.

Ao narrar o lava-pés na Última Ceia de Jesus, o evangelista João quer mostrar que o significado mais profundo da Eucaristia é o dom total que Jesus faz de si.

Todos: Jesus, erguendo-se, pegou o jarro e a bacia, depois lavou os pés de seus amigos.

Leitor 1: Jesus, ao se levantar, nos mostra a necessidade de sair do nosso comodismo para ir ao encontro do outro.

Todos: Servindo aos nossos irmãos, vivemos o amor que Jesus nos ensinou.

Leitor 2: Quem participa da Eucaristia se compromete a se unir a Cristo e imitá-lo na doação da vida e na construção do Reino definitivo, por meio da justiça, paz e fraternidade.

Todos: Eucaristia é amor, doação, partilha de vida e serviço.

Leitor 3: As ações de Jesus nos mostram o quanto Ele nos ama. Antes de partir, Ele nos deixa seu testamento espiritual.

Todos: Eu, vosso Mestre e Senhor, vos deixei o exemplo: "Façam o mesmo que eu fiz".

PARTILHA DO PÃO

Catequista: A Eucaristia é também uma ceia, uma refeição. Acreditamos que a hóstia consagrada são o Corpo e o Sangue de Cristo.

Leitor 1: Comungar significa tornar-se um. É unir-se como os irmãos e com Deus. A Eucaristia nos une a Cristo, ajuda a progredir na vida da graça e a provar, sempre mais, do amor do Senhor.

Todos: E Jesus, tendo amado os seus, amou-os até o fim.

Catequista: Nesse momento somos convidados a partilhar, dividir o pão. Vamos nos aproximar da cesta e oferecer o pão a quem nos lavou os pés.

ORAÇÃO FINAL

Catequista: De coração aberto e sincero, rezemos:

Todos: *Concedei-nos, ó Deus, a graça de participar dignamente da Eucaristia, pois todas as vezes que celebramos este sacrifício em memória do vosso Filho, torna-se presente a nossa redenção. Ao nos dar a ceia do vosso Filho, dai-nos ser eternamente saciados na ceia do vosso Reino.*

Catequista: Que Deus nos abençoe hoje e sempre.

BLOCO 3

FÉ
VIVIDA

10 O CAMINHO PARA A FELICIDADE

11 BEM-AVENTURADOS AQUELES QUE BUSCAM O MEU REINO

12 BEM-AVENTURADOS AQUELES QUE ESPERAM O TEU REINO

13 ELA VIVEU DIFERENTE

14 ELES VIVERAM DIFERENTE

CELEBRAÇÃO COMUNITÁRIA
ENTREGA DAS BEM-AVENTURANÇAS

10

O CAMINHO PARA A FELICIDADE

Se perguntarmos às pessoas qual o maior desejo de suas vidas, vamos encontrar como resposta a mesma palavra expressada de formas diferentes: FELICIDADE. E nisso filósofos, cientistas, religiosos... concordam. Se você pesquisar a palavra "felicidade" na internet, vai encontrar milhões de resultados e, se variar a busca para línguas estrangeiras, chegará facilmente aos bilhões. O que nos faz tão sedentos e famintos por ela?

Antes de iniciar nossa conversa, siga as orientações do catequista para responder às perguntas:

- Se escrevesse uma lista das coisas que fazem você feliz, qual seria o conteúdo dela?
- O que você precisa para ser feliz?
- Quais são os motivos que mais lhe causam tristeza?
- Analisando sua vida hoje, você se considera: pouco feliz, feliz ou muito feliz?

Jesus, em sua pregação mais importante, começa seu discurso apresentando o caminho para essa felicidade que só será plena se estivermos em conexão com o Reino de Deus. Será que somos capazes de trilhar esse caminho?

CRESCER COM A PALAVRA

 Vamos ler juntos o texto do Evangelho de Mateus que narra o que Jesus nos propõe.

 Mt 5,1-11

Quero ouvir e viver a tua Palavra, Senhor!

1. Após a leitura do texto, convidamos você para refletir sobre as seguintes questões:

   a. Quais são as qualidades apontadas por Jesus para que alguém seja considerado bem-aventurado?

   b. Que impressão você teve sobre essas propostas de felicidade de Jesus?

   c. Você acha possível essa felicidade no mundo de hoje?

SE LIGA no recado do Papa Francisco em sua catequese sobre as bem-aventuranças (2020):

Cada bem-aventurança compõe-se de três partes. Inicia sempre com a palavra "felizes", depois vem a "situação" na qual os felizes se encontram: pobreza de espírito, aflição, fome e sede de justiça, e assim por diante; por fim há o "motivo" da bem-aventurança, introduzido pela conjunção "porque": "Felizes estes porque, felizes aqueles porque...". Assim, as bem-aventuranças são oito, e seria bom aprendê-las de cor para as repetir, a fim de se ter na mente e no coração esta lei que Jesus nos deu.

2. Vamos então a um exercício que ajudará a ter na mente e no coração as bem-aventuranças. Siga as orientações do catequista e organize-
-as conforme o quadro que ele lhe apresentar, depois as transcreva no quadro abaixo.

QUADRO DAS BEM-AVENTURANÇAS			
	OS QUE (situação)	PORQUE (motivo)	Citação
F E L I Z E S			

De acordo com as bem-aventuranças podemos concluir que para trilhar o caminho que Jesus nos propõe é necessário decisão, o que por sua vez exige um conhecimento profundo da missão a realizar. Por vezes, percebemos que apesar de todos desejarem a felicidade, a realidade mostra que as dificuldades para alcançá-la são muitas. As mídias estão repletas de imagens de felicidade relacionadas a ter coisas, a ter sucesso, a satisfazer seus desejos a qualquer custo. Mas devemos lembrar que a felicidade não significa estar 100% alegre em todos os momentos, e sim conciliar momentos alegres com momento tristes. A felicidade apresentada por Jesus passa pela entrega total ao projeto do Reino de Deus.

3. Agora observe as imagens trazidas pelo catequista e, a partir de suas observações, organize-as como um famoso *meme* da internet: Expectativa *x* Realidade. Depois registre as suas conclusões.

CRESCER NA ORAÇÃO

Leia a história.

Tempo de felicidade

Eu tive lições quando ainda era criança, morando no sítio e vendo meu pai empenhando todos os esforços para cuidar da família e não deixar que as coisas mais necessárias nos faltassem. Certo dia, depois que ele entrou em casa e, para desespero da minha mãe, brincou comigo e meus irmãos nos jogando no ar, perguntei:

– Pai, você é feliz?

– Deixa eu fazer as contas...

– Como assim, pai? Você precisa fazer contas pra saber se é feliz?

– É que um dia tem 24 horas, e eu passo umas dez horas trabalhando. Bem, o trabalho me deixa feliz. É claro que sempre tem uns problemas para resolver, mas na maior parte do tempo em que trabalho, eu estou feliz. Umas quatro horas do dia eu passo cuidando dos animais do sítio, de vocês, da sua mãe, e estamos quase sempre felizes. Depois passo umas oito horas dormindo, e dormir me deixa muito feliz.

– Ainda não entendi, pai.

– Filho, se num dia de 24 horas eu passo mais de doze horas feliz, então posso me considerar uma pessoa feliz.

– Mas, pai, tem dias que tem tanta coisa triste acontecendo, tanto problema...

– São esses dias, filho, que fazem todos os outros serem de felicidade.

Agora reflita:

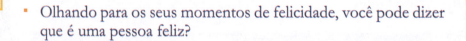

- Olhando para os seus momentos de felicidade, você pode dizer que é uma pessoa feliz?

Em silêncio, peça a Jesus para saber viver a felicidade mostrada por Ele, trilhando o caminho das bem-aventuranças.

Rezemos juntos: *Pai nosso...*

Ser feliz sem motivo é a mais autêntica forma de felicidade.

CRESCER NO COMPROMISSO

✱ Escolha uma das bem-aventuranças e formule um compromisso de vida a partir dela. Anote-o.

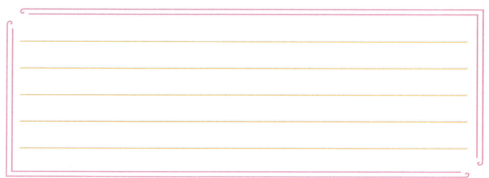

★ Escreva a sua bem-aventurança.

11

BEM-AVENTURADOS AQUELES QUE BUSCAM O MEU REINO

Ascensão. Giotto di Bondone

No nosso imaginário temos os reis como pessoas poderosas, fortes, autoritárias, que desfrutam de privilégios por ocuparem um trono e possuírem riquezas. Jesus nos convida a buscar o Reino de Deus e nos oferece como chave da felicidade pobreza, choro, mansidão, fome e sede de justiça. Onde é que está a felicidade em todas essas coisas que são, aos nossos olhos, negativas? Essa busca é um caminho difícil de percorrer, mas Jesus nos garante não ser um rei de contos de fada. Ele é o Rei que está na linha de frente, oferecendo a vida pelo povo. Ele é o modelo de coragem, e isso nos dá a certeza de que, se estivermos com Ele, conquistaremos a felicidade.

CRESCER COM A PALAVRA

Vamos ler o que Jesus tem a nos dizer acompanhando a leitura bíblica.

Quero Mt 5,1-6

ouvir e viver a tua Palavra, Senhor!

No encontro 10 nós iniciamos o Quadro das Bem-Aventuranças, com base no texto de Mt 5,1-12. Agora, com a orientação do catequista, releia o que já escreveram no quadro.

SE LIGA no catequista, pois ele vai ajudá-lo na próxima atividade. Depois volte ao encontro 10 e complete o quadro.

1. Para compreender melhor as bem-aventuranças precisamos trazê-las para a nossa vida. Que tal estudá-las mais? Para isso, leia os textos sobre as bem-aventuranças e responda às perguntas ao final de cada explicação.

> **Felizes os que têm espírito de pobre, porque deles é o Reino dos Céus.**

- Texto complementar: Mt 6,19-21.

O Reino de Deus é dos "pobres em espírito". Não está escrito somente "pobres", logo, não se trata simplesmente de pobreza material. Pobres são todos aqueles que têm necessidade de algo que lhes é fundamentalmente necessário, como amor, respeito, proteção, saúde, dignidade, além dos bens materiais. Acontece que, às vezes, temos um "espírito de rico" que está sempre cheio, mas nunca satisfeito, e o que está cheio não pode receber mais nada. O Papa Francisco, em sua catequese sobre as bem-aventuranças (2020), diz que "pobres de espírito são aqueles que são e se sentem pobres, mendigos, nas profundezas do seu ser", porque, se o coração se sente rico, ele não tem espaço para coisas que aproximam de Deus e dos irmãos. O espírito pobre é capaz de alegrar-se e ficar satisfeito com tudo o que recebe, porque sabe que a felicidade não está no que possui, mas naquilo que ele é. Somente um coração pobre está livre para receber a riqueza do Reino do Pai.

★ Agora é com você! Registre suas conclusões na resposta às perguntas.

   ★ "Onde estiver vosso tesouro, aí também estará o coração". O que Jesus quis ensinar com essas palavras? Você saberia dizer do que o seu coração está cheio?

   ★ Você tem espírito de pobre ou de rico? Justifique sua resposta.

★ De que seu espírito sente mais necessidade?

_____

_____

_____

Felizes os que choram, porque serão consolados.

· Texto complementar: Jo 11,33-36.

O choro é nossa primeira forma de comunicação, mas no decorrer da vida ele se torna expressão dos nossos sentimentos. Chorar não é sinal de fraqueza nem de tristeza eterna, pois o choro é nossa maneira de nos importar com aquilo que entristece a nossa alma. É disso que Jesus nos fala, do choro de quem se compadece por si mesmo e pelo outro. Não é um conselho para que busquemos a tristeza, mas para que possamos vivê-la, senti-la quando se faz necessário, pois a alegria nasce da tristeza superada. Papa Francisco nos diz que:

> *Certas realidades do mundo só se veem com os olhos limpos pelas lágrimas. Convido-os para que cada um se pergunte: Eu aprendi a chorar? Eu aprendi a chorar quando vejo uma criança com fome, uma criança drogada na rua, uma criança que não tem casa (...) Ou o meu pranto é um pranto interesseiro daquele que chora porque gostaria de ter algo a mais? (CV, n. 76).*

★ Agora é com você! Registre suas conclusões na resposta às perguntas.

★ Diante da morte de Lázaro, como Jesus age?

_____

_____

_____

_____

★ Diante da tristeza, como você age?

_____

_____

_____

_____

Felizes os mansos, porque possuirão a Terra.

- Texto complementar: Sl 37,7-9 e Ef 4,30-31.

A mansidão é o que nos faz gentis, bondosos, equilibrados, contrariando o que mais temos visto na história da humanidade: raiva, disputa, vingança, maledicência, ira. Quantas vezes desejamos que o tempo voltasse para que aquela atitude que tomamos num momento de intensa raiva pudesse ser desfeita? Percebemos que muito se incentiva para que a geração atual seja aquela que, às vezes, "bate de frente" e "fala na cara", agindo de acordo com a máxima "Se me ofender, eu dou o troco". Esse comportamento aparece porque não gostamos de ceder, de abrir mão dos nossos preconceitos e do nosso juízo sobre as pessoas. Atitudes assim, que parecem demonstrar força, demonstram nossa fraqueza e nossa incapacidade de controlar os impulsos.

★ Agora é com você! Registre suas conclusões.

　★ Quais são os sentimentos que a Palavra de Deus pede que abandonemos para alcançar a mansidão?

_____

_____

_____

　★ Olhe para seu viver e numere de acordo com seu grau de gentileza.

　1 - Muito gentil　　2 - Gentil　　3 - Pouco gentil　　4 - Grosseiro

Pais	Irmãos	Amigos	Professores	Pessoas estranhas	Pessoas mais velhas

Felizes os que têm fome e sede de justiça, porque serão saciados.

- Texto complementar: Jr 22,3.

Fome e sede indicam duas necessidades sem as quais não podemos viver. A bem-aventurança, então, deixa claro que a justiça é necessidade básica para o viver humano. Coisas que são essenciais para a vida, como o ar, a luz, a água, estão disponíveis para todos, igualmente. O Criador nos mostra através da criação que a justiça consiste em fazer com que cada um receba o que lhe é devido, em fazer o que é correto e garantir que isso seja igual para todos. A justiça que Jesus nos apresenta nas bem-aventuranças é divina. Deus é justo e somos atraídos a Ele; por essa atração, queremos que todos tenham acesso, igualmente, aos seus direitos. Nossa sede e fome de Deus nos impulsionam a sermos melhores, a vivermos de acordo com a lei maior de Jesus – amar ao próximo como a si mesmo (cf. Mt 22,37).

✱ Agora é com você! Registre suas conclusões na resposta às perguntas.

★ O artigo 5º da Constituição brasileira diz: "Todos são iguais perante a lei, sem distinção de qualquer natureza, garantindo-se aos brasileiros e aos estrangeiros residentes no País a inviolabilidade do direito à vida, à liberdade, à igualdade, à segurança e à propriedade". Quais as semelhanças entre a nossa lei e a ordem dada por Deus através do profeta Jeremias?

★ No seu entendimento, quais são as três maiores injustiças percebidas em nosso mundo hoje?

★ Você se importa com os direitos de todas as pessoas ou ocupa-se somente dos seus?

CRESCER NO COMPROMISSO

Na exortação apostólica *Christus Vivit*, o Papa Francisco faz um apelo aos jovens do mundo:

> *Tente aprender a chorar pelos jovens que estão em situação pior do que você. A misericórdia e a compaixão também se expressam chorando. Se não consegues, roga ao Senhor que te conceda derramar lágrimas pelo sofrimento dos outros. Quando souberes chorar, então serás capaz de fazer algo de coração pelos outros. (ChV, n. 76)*

✴ Depois da leitura das palavras do Papa, escreva na tarja de papel que o catequista lhe entregar uma situação pessoal e outra que acontece na sua comunidade, que lhe causem extrema tristeza. Depois disso deposite na Caixa da Felicidade as suas tristezas, lembrando que elas fazem parte do nosso viver.

O Papa Francisco diz que primeiro é preciso saber chorar pelos sofrimentos dos outros, e isso é um dom que precisamos pedir em oração. Então, que tal se comprometer a observar e rezar pelas pessoas que convivem com você? Peça ao Espírito Santo que essas pessoas possam viver com alegria e paz.

CRESCER NA ORAÇÃO

Rezemos juntos:

Senhor, Pai de todo bem e de toda graça, abre nossos corações e mentes às bem-aventuranças e ajude-nos a vivê-las.

Senhor Jesus, que nos mostrou o coração do Pai e sua imensa misericórdia, ajude-nos a imitar seu modo de agir para que possamos alcançar a recompensa maior, que é estar no Céu.

Espírito Santo, amor que vem do Céu, ilumina nossas vidas para que o mundo conheça as bem-aventuranças pelo nosso testemunho. Amém.

"Alegrai-vos e exultai, porque grande é a vossa recompensa nos céus." (Mt 5,12)

12

BEM-AVENTURADOS AQUELES QUE ESPERAM O TEU REINO

    A esperança é uma virtude que nos faz desejar o Reino de Deus e a vida eterna como o objetivo último da nossa felicidade, pois o desejo de felicidade foi colocado em nosso coração pelo próprio Deus. As bem-aventuranças, que orientam nossa esperança para Deus, não são um caminho fácil de percorrer, mas Jesus nos mostrou que é possível e que o Espírito de Deus está sempre conosco, nos guiando e fortalecendo. "Nossa esperança está no Senhor: Ele é o nosso auxílio e a nossa proteção" (Sl 33,20), e é em seu Reino que queremos descansar nossos corações.

CRESCER COM A PALAVRA

 Mt 5,7-12

ouvir e viver a tua Palavra, Senhor!

🕐 **SE LIGA** no catequista, pois ele vai ajudá-lo na próxima atividade. Depois volte ao encontro 10 e complete o quadro.

1. Para compreender melhor as bem-aventuranças precisamos trazê-las para a nossa vida. Que tal estudá-las mais? Para isso, leia os textos sobre as bem-aventuranças e responda às perguntas ao final de cada explicação.

Felizes os misericordiosos, porque alcançarão a misericórdia.

- Texto complementar: Mt 7,1-5.

Jesus nos pede para olhar a misericórdia sob dois aspectos: da compaixão e do perdão. A compaixão é o sentimento que nos coloca no lugar do outro, por isso não queremos para ele o que não queremos para nós. Somos levados por ela a ajudar o próximo. A compaixão nos leva ao outro aspecto da misericórdia: o perdão. Saber dar e receber o perdão coloca-nos no coração de Deus, que é pura misericórdia. Jesus também nos alerta que, em se tratando de julgamento, a medida que usamos para os outros será também usada conosco. Se eu compreender e perdoar, serei compreendido e perdoado. Se tiver compaixão para com os outros, essa compaixão também virá a mim.

✴ Agora é com você! Registre suas conclusões na resposta às perguntas.

- ★ Por vezes agimos como juízes dos que erram e condenamos com facilidade. Com essa bem-aventurança, Jesus parece dizer ao nosso ouvido: "E se fosse você? Usaria os mesmos critérios para julgar a si mesmo?".

- ★ O que Jesus nos pede nessa passagem do Evangelho de Mateus?

★ Você perdoa com facilidade e sente compaixão para com os que erram?

Felizes os puros de coração, porque verão a Deus.

· Texto complementar: Lc 6,43-45.

Antoine de Saint-Exupéry, em seu clássico O Pequeno Príncipe (2015, p. 72), parece sintetizar, numa das frases mais famosas do livro, essa bem-aventurança sobre os puros: "Só se enxerga bem com o coração. O essencial é invisível aos olhos". Se quisermos ver Deus, antes devemos aprender a ver com o coração. É preciso treinar os olhos do coração para reconhecermos quando somos desviados ao que é mal para nós e para os outros. O coração puro cuida para que nada o corrompa, cuida para olhar as pessoas com sinceridade e, sobretudo, cuida para libertar-se das coisas enganosas.

★ Agora é com você! Registre suas conclusões na resposta às perguntas.

★ "A língua fala do que está cheio o coração" (Lc 6,45). Qual é o sentido dessa expressão?

★ As palavras que você diz para as pessoas com quem se relaciona revelam um coração puro ou um coração sem virtudes?

★ Quais as consequências quando usamos somente os olhos para conhecer os outros?

Bem-aventurados os que promovem a paz, porque serão chamados filhos de Deus.

- Texto complementar: Jo 14,27.

Os hebreus traduzem a palavra paz como "Shalom", que significa um desejo amplo de prosperidade, abundância e bem-estar de acordo com a verdade e a justiça. Não é apenas ausência de conflito ou uma sensação de tranquilidade. É um sentimento duradouro que nos leva a romper com tudo o que faz a humanidade sofrer. O mundo está repleto de pessoas que semeiam a discórdia por onde passam. Vivem provocando conflitos porque acreditam que estão sempre com a razão. Assim começam todas as discórdias e guerras: as menores com as quais lidamos no dia a dia e as grandes, que matam milhões de vidas e trazem destruição e dor. Os pacíficos são promotores da paz e tratam de semeá-la por onde forem. Eles não dividem, ao contrário, são pontes que ligam as pessoas.

★ Agora é com você! Registre suas conclusões na resposta às perguntas.

★ O que mais provoca guerras e discórdias entre as pessoas?

_____

_____

_____

_____

_____

_____

★ Você joga no time dos que semeiam a discórdia ou é um pacificador?

_____

_____

_____

_____

_____

_____

> **Felizes os perseguidos por causa da justiça, porque deles é o Reino dos Céus.**

- Texto complementar: 1Pr 3,13-17.

"Buscai, pois, em primeiro lugar o Reino de Deus e sua justiça" (Mt 6,33). É isso o que sintetiza as oito bem-aventuranças: desejar, mais que tudo, o Reino dos Céus. Esse desejo exige que nos esforcemos para viver e defender os valores desse Reino como Jesus fez. Esses valores são contrários aos padrões do mundo, que prefere perseguir e excluir quem os incomoda, quem pensa e age diferente desses padrões. Jesus nos diz que somos felizes quando, apesar das zombarias e tentações, não nos envergonhamos de defender nossa fé n'Ele e em seu Reino. Ele não pede que nos escondamos do mundo. Pede que mostremos que vale a pena viver diferente e renunciar ao que nos afasta de Deus.

✳ Agora é com você! Registre suas conclusões na resposta às perguntas.

★ No texto, quais são os conselhos dados a quem defende a justiça do Reino de Deus? Destaque-os.

★ Como você se sente quando alguém zomba da sua fé, do fato de você frequentar a catequese?

★ Fazer o bem ou fazer o mal: o que trará mais felicidade?

⏻ **SE LIGA** num passo a mais para compreender o tema deste encontro.

2. Vamos retomar as perguntas do encontro 10. Releia suas respostas e compare com o que refletimos sobre as bem-aventuranças. Suas respostas estão de acordo com a proposta de felicidade de Jesus?

   a. Complete a frase:

   "Ser feliz é _____
   _____
   _____
   _____

CRESCER NO COMPROMISSO

Jesus termina o sermão da montanha nos convidando a edificar nossa casa (nossa vida) sobre a rocha da sua Palavra, pois assim estaremos sempre firmes e seguros (Mt 7,24).

✴ Registre aqui seu compromisso de viver a cada dia as bem-aventuranças ensinadas por Jesus.

CRESCER NA ORAÇÃO

Desde o encontro 10, temos a Caixa da Felicidade entre as nossas atividades. Nela depositamos nossos questionamentos, nosso conhecimento, nossas tristezas e alegrias, assim como fazemos com nosso viver.

Agora retiraremos dessa caixa um cartão que foi colocado pelo catequista, no qual está escrito uma oração que rezaremos juntos:

Senhor, conceda-me a graça de conduzir minha vida com os valores do Reino dos Céus a me guiarem. Dá-me a graça de ser pobre, humilde, manso, misericordioso, puro de coração, promotor da paz, e que a sede e a fome de justiça me façam suportar as perseguições que possam surgir por causa de ti. Amém.

"O Reino de Deus não vem ostensivamente. Nem se poderá dizer está aqui ou ali, porque o Reino de Deus está no meio de vós." (Lc 17,20-21)

13

ELA VIVEU DIFERENTE

Você já viveu momentos em que se sentiu tão alegre, tão feliz, que teve vontade de pular, gritar, dançar e cantar para expressar esse sentimento? Um desses momentos foi experimentado por Maria, mãe de Jesus. Essa alegria intensa sentida por ela não vem por causa de um único acontecimento, mas é fruto de sua esperança na realização das promessas feitas por Deus ao seu povo. Essa alegria é a resposta de fé dessa jovem que, por amor, escolheu viver diferente (cf. CIgC, n. 488).

CRESCER COM A PALAVRA

A alegria de sermos filhos de Deus, herdeiros de seu Reino de amor e felicidade, exige de nós um jeito diferente de viver. A vida daquela que é o maior modelo de fé e de cristã, Maria, a mãe de Jesus, nos ajuda a entender como viver diferente.

Vamos rezar a Ave-Maria e depois ler o que nos diz o evangelista Lucas sobre essa mulher.

Quero

 Lc 1,39-56

ouvir e viver a tua Palavra, Senhor!

77

Quando o anjo Gabriel convida Maria para ser a mãe de Jesus, ela responde prontamente "sim". A visita de Maria a Isabel foi a confirmação da ação de Deus em sua vida.

Agora reflita:

- No encontro dessas duas mulheres acontece também o encontro de seus filhos. Quem são eles?
- Como Isabel demonstra saber que Maria é a mãe de Jesus?
- Por que Isabel chamou Maria de "feliz" (bem-aventurada)?
- Diante da saudação de Isabel, o que Maria fez?

1. Antes de lermos o texto do Evangelho, você rezou a oração da Ave-Maria. Qual é a relação entre a oração e o texto?

_____
_____
_____

Magnificat ou *Canto de Maria* é o nome dado ao louvor que a mãe de Jesus fez após encontrar Isabel. Uma tradução apropriada às palavras de Maria seria: "Proclamo a grandeza (de Deus)". No canto podemos ver que ela conhece bem as Sagradas Escrituras e as tradições de seu povo.

2. O *Magnificat* expressa várias qualidades de Maria. Com a ajuda do catequista, encontre-as no texto bíblico e depois escreva-as ao redor da imagem de Maria.

Adornamos o manto de Maria com as qualidades que seu canto nos apresentou. É possível perceber que as palavras de Isabel e a alegria de João Batista em seu ventre nos dão a certeza de que Maria traz dentro de si o Filho de Deus, sendo aclamada bem-aventurada (feliz) porque acreditou no seu Senhor.

SE LIGA nos símbolos utilizados no encontro.

3. Observe a disposição dos símbolos no espaço do encontro e converse com seus amigos e catequista. Depois registre em um pequeno texto o que os símbolos nos dizem sobre Maria.

CRESCER NO COMPROMISSO

Maria sempre se mostrou comprometida com Deus e com as pessoas simples e humildes, confiante de que um dia Ele as olharia cheio de ternura e misericórdia para libertá-las das dificuldades em que viviam.

★ Que gesto concreto você poderia assumir para testemunhar, a exemplo de Maria, um jeito diferente de viver que nasce de uma resposta alegre ao projeto de amor de Deus? Registre como pensa em realizar esse gesto.

CRESCER NA ORAÇÃO

O *Canto de Maria* é um verdadeiro modelo de oração para nós, pois contempla louvor, ação de graças, memória, súplica e reconhecimento de Deus agindo em nossas vidas. Oremos como Maria:

A. A minha alma engrandece ao Senhor e exulta meu espírito em Deus meu Salvador;

B. Porque olhou para a humildade de sua serva, doravante as gerações hão de chamar-me de bendita.

A. O poderoso fez em mim maravilhas e Santo é o seu nome!

B. Seu amor para sempre se estende sobre aqueles que o temem;

A. Manifestou o poder de seu braço, dispersou os soberbos;

B. Derrubou os poderosos de seus tronos e elevou os humildes;

A. Saciou de bens os famintos, despediu os ricos sem nada.

B. Acolheu Israel, seu servidor, fiel a seu amor,

A. Como havia prometido a nossos pais,

B. Em favor de Abraão e de seus filhos para sempre.

A. Glória ao Pai e ao Filho e ao Espírito Santo.

B. Como era no princípio, agora e sempre. Amém.

"Bem-aventurada aquela que acreditou, porque se cumprirá o que lhe foi dito da parte do Senhor." (Lc 1,45)

14

ELES VIVERAM DIFERENTE

Jovens e santos? Parece não combinar! Isso porque, para a nossa cabeça, os santos referem-se àquelas imagens que vemos nas igrejas; e a santidade é muito difícil de atingir, quase impossível de acontecer nos dias de hoje.

Jesus nos convida à santidade quando nos pede que o nosso amor vá além das pessoas que são fáceis de amar, como nossos familiares, amigos, pessoas que admiramos. Entretanto ser santo é aceitar e se esforçar para viver em um estilo diferente: o estilo de Jesus. A recompensa por ser santo é a felicidade.

CRESCER COM A PALAVRA

1. Antes de iniciarmos nossa reflexão bíblica, escreva alguns nomes de santos que você conhece ou que são venerados pelas pessoas da sua família.

 Agora vamos ao texto bíblico! Em sua Bíblia, acompanhe a leitura.

 Mt 5,43-48

Quero ouvir e viver a tua Palavra, Senhor!

2. Jesus nos convida a honrar a Deus com pequenos atos, mas de grande sentido. Vamos refletir melhor sobre o que lemos:

- O que Jesus quis dizer com esse texto? Será que fazemos o que Ele pede?
- Para você, Deus é perfeito em quê?
- Ele diz: "Ame seus inimigos". Isso é possível?
- Qual versículo você acha mais complicado de viver em nosso mundo atual? Por quê?

SE LIGA no catequista! Ele vai lhe contar uma história.

Olhe com atenção a imagem. Consegue perceber que Jesus parece lançar uma corda para a Terra? Vamos chamá-la de "a corda da santidade", que nos ajudará a chegar ao Reino dos Céus.

3. Com base na história de São Francisco que seu catequista lhe contou, e nas discussões com seu grupo, escreva na imagem uma virtude para cada um dos "nós" da corda da santidade que nos ajudará a chegar ao Reino dos Céus.

CRESCER NO COMPROMISSO

✴ Depois de refletir sobre a corda da santidade, que tal confeccionar a sua?

 ✭ O catequista vai lhe entregar um cordão e ajudar você a refletir sobre os ensinamentos do Papa, propostos na sequência. Ao término de cada reflexão, você dará um nó no cordão simbolizando o compromisso de desenvolver essas características que o ajudarão a viver a santidade. Siga as orientações.

Em sua exortação apostólica *Gaudete et Exultate* (Alegrai-vos e Exultai), o Papa Francisco nos chama à santidade. Ele nos lembra que Jesus aponta a vivência das bem-aventuranças como o caminho para a santidade, e que os santos são felizes. A caridade, a misericórdia e a oração mantêm firme a nossa fé. Entretanto ele nos mostra cinco características de santidade no mundo atual:

- **Firmeza, paciência e mansidão**. Permanecer firmes em Deus que nos sustenta, nos faz suportar as adversidades e agir com mansidão diante delas.

- **Alegria e bom humor**. Tristeza, amargor, "azedume" e melancolia não podem levar à santidade. A consequência da caridade é a alegria.

- **Ousadia e ardor**. A ousadia é o impulso evangelizador que deixa nossa marca no mundo. Jesus pede que não tenhamos medo de anunciar seu Reino com ardor.

- **Comunidade**. O exercício da santidade se faz em comunidade.

- **Oração constante**. O santo é alguém com espírito orante que tem necessidade de se comunicar com Deus. É por meio da oração que somos fortalecidos pelo Espírito para perseverar na busca da bem-aventurança eterna.

Você confeccionou um símbolo muito importante. Por isso leve seu cordão para casa e amarre-o em um lugar especial para, sempre que olhar para ele, lembrar-se do compromisso que firmou com a busca da santidade.

CRESCER NA ORAÇÃO

Rezemos juntos a oração atribuída a São Francisco, para que ele nos ajude a buscar a santidade e a promover a paz, vivendo conforme o projeto de Deus para a nossa felicidade.

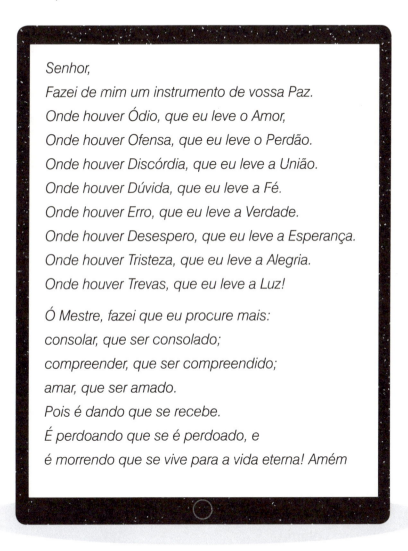

Senhor,
Fazei de mim um instrumento de vossa Paz.
Onde houver Ódio, que eu leve o Amor,
Onde houver Ofensa, que eu leve o Perdão.
Onde houver Discórdia, que eu leve a União.
Onde houver Dúvida, que eu leve a Fé.
Onde houver Erro, que eu leve a Verdade.
Onde houver Desespero, que eu leve a Esperança.
Onde houver Tristeza, que eu leve a Alegria.
Onde houver Trevas, que eu leve a Luz!

Ó Mestre, fazei que eu procure mais:
consolar, que ser consolado;
compreender, que ser compreendido;
amar, que ser amado.
Pois é dando que se recebe.
É perdoando que se é perdoado, e
é morrendo que se vive para a vida eterna! Amém

"Portanto sede perfeitos como vosso Pai celeste é perfeito."
(Mt 5,48)

Celebração comunitária

ENTREGA DAS BEM-AVENTURANÇAS

ACOLHIDA

Catequista: Comunidade aqui reunida, hoje vamos acolher os catequizandos que celebram conosco um importante momento dentro do itinerário catequético que eles percorrem. Hoje, acompanhados por suas famílias, eles receberão as bem-aventuranças. Vamos acolher com alegria os catequizandos e suas famílias.

ATO PENITENCIAL

Catequista: Vamos refletir e pedir perdão pela falta de cuidado com a vida das pessoas que fazem parte da nossa comunidade, que se encontram em situação de pobreza, injustiça e aflição em relação ao futuro. Após cada pedido, vamos repetir juntos:

Todos: Misericórdia, Senhor!

Catequizando: Peçamos perdão pelas vezes que não fizemos um pobre feliz.

Pai: Perdão pelas injustiças sociais que ferem o ser humano.

Mãe: Perdão pela falta de paz entre as pessoas.

Presidente: Deus, Pai de misericórdia, perdoa nossos pecados e nos conduza à vida eterna.

Todos: Amém.

PROCLAMAÇÃO DA PALAVRA

Catequista: Jesus apresenta seus ensinamentos para aqueles que desejam segui-lo. Ele nos mostra que é possível ser feliz vivendo os valores do Evangelho. Ouçamos.

Presidente: Proclamação do Evangelho de Jesus Cristo segundo São Mateus 5,1-12.

Catequista: Queridos catequizandos, vocês refletiram sobre o sentido das bem-aventuranças. Sabemos que este é um programa de vida que Jesus nos oferece; Ele foi o primeiro a vivê-lo e nos deixou o exemplo. As bem-aventuranças são importantes para a vida do cristão. Nosso compromisso de vivê-las exige ouvir e pôr em prática as palavras d'Ele. Nesse momento, vocês são convidados a se aproximarem para receber as bem-aventuranças. Convidamos seus pais, ou responsáveis, para que os acompanhem.

Presidente/Catequista: Receba as bem-aventuranças de Jesus Cristo, nosso Salvador, e faça delas o caminho da sua felicidade!

Catequizando: Amém!

Segue a celebração normalmente.

BLOCO 4

FÉ
REZADA

15 ORAÇÃO: O GRITO DA FÉ!

16 A ORAÇÃO ME FAZ ÍNTIMO DO SENHOR

17 A ORAÇÃO COMUNITÁRIA

18 NOSSA SENHORA NO CORAÇÃO DO POVO DE DEUS

19 LEITURA ORANTE

15

ORAÇÃO: O GRITO DA FÉ!

Santa Terezinha do Menino Jesus dizia: "A oração é um impulso do coração, é um simples olhar lançado ao céu, um grito de reconhecimento e amor" (citada por CIgC, n. 2558). Podemos afirmar que a oração expressa nossa relação viva e pessoal com Deus. A oração cristã é uma oração de aliança entre Deus e cada um de nós por meio de Cristo, é algo que brota do Espírito Santo. Não podemos esquecer que Deus chama, incansavelmente, toda pessoa ao encontro com Ele, porque Ele tem sede de nós e quer que tenhamos sede d'Ele.

CRESCER COM A PALAVRA

Como você já deve ter percebido, o tema do encontro é a oração. Antes de rezarmos, pense sobre o que é oração para você. Então reze a oração em silêncio, e depois com seu grupo de catequese.

> *Senhor, escuta a minha prece, chegue a ti o meu clamor! Não escondas de mim tua face (...) Inclina para mim teu ouvido. Quando te invoco, responde-me depressa! (Sl 102,3)*

✴ Você pensou sobre o que é a oração, agora escreva sua definição na tarja de papel que recebeu do catequista. Depois transcreva em seu livro para ajudá-lo a memorizar.

_____

_____

Acompanhe a leitura do texto bíblico.

 Mc 10,46-52

"Aceita, Senhor, as oferendas de minha boca." (Sl 119,108)

Agora reflita:

- Quais personagens aparecem no texto?
- O que Bartimeu fez?
- Quais as atitudes de Jesus?

SE LIGA nas orientações do catequista para o trabalho em grupo.

Oração de bênção: É a resposta da pessoa aos dons de Deus, encontro entre a humanidade e Ele. Essa forma de rezar possui dois movimentos: subida, quando nós bendizemos a Deus pela sua bênção, e descida, quando Deus nos abençoa após nosso pedido.

Oração de súplica: Oração de pedido, com insistência. É quando exprimimos a consciência de nossa relação com Deus. O pedido de perdão é o primeiro movimento da oração de súplica, é a condição prévia de uma oração justa e pura. A súplica cristã está centrada no desejo e na procura do Reino.

Oração de intercessão: É uma oração de pedido, porém não se volta para nossas intenções, e sim para as do outro. Interceder, pedir em favor do outro, é próprio de um coração que está em consonância com a misericórdia de Deus.

Oração de graças e louvor: É a oração de um coração agradecido que reconhece a grandeza do Criador e lhe presta admiração.

Oração de adoração: A adoração é a primeira atitude do ser humano que se reconhece criatura diante de Deus, seu Criador.

4. Agora transcreva a oração que seu grupo compôs.

_____
_____
_____

CRESCER NO COMPROMISSO

✸ Apresente para a sua família as formas de oração. Depois escolham uma delas para escreverem juntos uma oração para a sua família.

  ★ No próximo encontro, rezaremos por sua família a oração que vocês escreveram.

_____
_____
_____
_____
_____
_____
_____

CRESCER NA ORAÇÃO

Nesse encontro refletimos sobre a oração e suas várias modalidades. Com seus colegas, em grupos, vocês refletiram e escreveram uma oração, agora é o momento de a rezarmos! Siga as orientações do catequista e reze, em voz alta e com seu grupo, a oração que vocês escreveram.

"Ao saber que era Jesus de Nazaré, começou a gritar: 'Jesus, filho de Davi, tem piedade de mim!'" (Mc 10,47)

16

A ORAÇÃO ME FAZ ÍNTIMO DO SENHOR

Quando temos um amigo, gostamos de ficar perto dele, de conversar, de nos divertir juntos, às vezes até partilhamos alguns momentos tristes e algumas coisas que nos deixam chateados, enfim, é a convivência que fortalece a amizade. Na amizade com Jesus, a oração se torna um importante meio para nos aproximarmos ainda mais d'Ele. A oração é algo que nasce no íntimo da pessoa e se estende até o Senhor, em uma espécie de encontro em que Ele oferece sua amizade. Deus é o amigo, o aliado, e na oração podemos pedir tudo, explicar tudo, contar tudo. Não importa se no nosso relacionamento com Deus nos sentimos em falta, Ele continua a nos amar. Deus está sempre à porta do nosso coração e espera que, pela oração, o deixemos entrar. Deus não é indiscreto e espera que estejamos abertos para corn Ele conversar.

✳ **Partilha de oração:** Em casa, você e sua família escreveram uma oração. Vamos partilhá-la com o grupo de catequese? Ao final da partilha, vocês rezarão:

> "Ó Deus, tu és meu Deus; a ti procuro, minha alma tem sede de ti, todo o meu ser anseia por ti como a terra ressequida, esgotada, sem água" (Sl 63,2).

CRESCER COM A PALAVRA

Jesus nos convida a buscar mais intimidade com o Pai por meio da oração feita no silêncio do nosso interior. Para conhecer o seu convite, acompanhe a leitura do texto bíblico.

 Mt 6,5-8

"Aceita, Senhor, as oferendas de minha boca." (Sl 119,108)

1. Depois de acompanhar a leitura, responda aos questionamentos.

   a. Em que momentos eu rezo?

   _____
   _____
   _____

   b. Como faço a minha oração?

   _____
   _____

   c. O que Jesus me ensina sobre a oração?

   _____
   _____
   _____

A oração é um movimento livre de cada pessoa, no entanto existem três expressões principais da vida de oração: a vocal, a meditação e a contemplação.

Na **oração vocal** lembramos que Deus fala ao ser humano por sua Palavra, e é por palavras, mentais ou vocais, que falamos com Ele. As palavras que usamos para rezar devem ser expressão do que temos em nosso interior, e não apenas reprodução de algo que sabemos de cor. Para falar usamos a boca, por isso esse pode ser o símbolo da oração vocal que representa nossa vigilância para anunciar a Palavra de Deus.

Na **meditação** buscamos o recolhimento do coração. Essa forma de oração movimenta o pensamento, a imaginação, a emoção e o desejo, nos ajuda a aprofundar as convicções de fé e desperta a conversão, fortificando nossa vontade de seguir a Cristo. A oração meditativa é quando conseguimos silenciar mente e coração para escutar o Senhor e olhar para a nossa realidade com a humildade de quem tem fé.

Quando encontramos algo bonito não conseguimos desviar o olhar. Com a oração de **contemplação** somos motivados a permanecer na presença de Deus, contemplando sua beleza e seu amor. É como fixar nosso olhar em Jesus e sentir seu olhar amoroso sobre nós.

SE LIGA nas imagens, pois elas serão usadas nas atividades 2, 3 e 4.

a)

Freepik

b) _____

_____

_____

_____

c) _____

_____

_____

a)

Freepik

b) _____

_____

_____

_____

c) _____

_____

_____

a)

Freepik

b) _____
_____
_____
_____
_____

c) _____
_____
_____
_____

2. Identifique a qual forma de oração cada símbolo representa e escreva no espaço correspondente à letra **a**.

Os salmos são orações escritas pelos judeus há muitos anos. Neles encontramos várias referências às expressões sobre as quais conversamos neste encontro.

3. Organize os versículos do salmo para formar as frases correspondentes aos símbolos, reescrevendo-as na letra **b**.

os meus minha louvor Senhor proclamará o teu Abre boca lábios, e a (Sl 51,17).

puro, por cria Deus coração Ó renova-me espírito dentro com um decidido em mim (Sl 51,12).

junto Deus, refugiei-me olhos em ti, Com Senhor de ti os (Sl 141,8).

4. Com base no texto, identifique nas tarjas apresentadas pelo catequista as ações correspondentes a cada forma de oração e transcreva abaixo dos símbolos, na letra **c**.

CRESCER NO COMPROMISSO

Nesse encontro refletimos sobre as três formas de oração, que são exercícios da mente e do coração. Durante esta semana comprometa-se com a prática das formas de oração.

Sugerimos a seguinte organização:

Primeiro dia
Reserve um momento para fazer uma oração vocal.

Segundo dia
Reserve um momento para a meditação do texto de Mt 6,5-8.

Terceiro dia
Reserve um momento para exercitar a contemplação. Visite a igreja ou capela do Santíssimo e permaneça alguns instantes em silêncio diante do Sacrário.

CRESCER NA ORAÇÃO

Recolha-se em silêncio e reze no segredo do seu coração. Após alguns instantes de silêncio, acompanhe a oração que o catequista fará.

"Quando rezares, entra no teu quarto, fecha aporta e reza ao teu Pai." (Mt 6,5)

17

A ORAÇÃO COMUNITÁRIA

A oração comunitária são os momentos em que a Igreja se reúne para rezar. Estes momentos são terços, novenas, procissões, peregrinações, entre outros que ajudam as pessoas a serem mais conscientes de sua condição de filhas de Deus, que vem ao seu encontro através da comunidade.

Temos na comunidade eclesial um espaço de aprendizado e aprofundamento, no qual o exercício da oração pessoal nos abre para a oração comunitária, promovendo o fortalecimento e crescimento na fé.

CRESCER COM A PALAVRA

Acompanhe a leitura do texto bíblico que narra um momento da vida familiar de Jesus, em que Ele, Maria e José fazem parte de uma peregrinação para Jerusalém. Esse era um costume comum para eles e um forte momento de fé comunitária.

 Lc 2,41-52

"Aceita, Senhor, as oferendas de minha boca." (Sl 119,108)

Agora reflita:

- Quantos anos Jesus tinha?
- Qual festa iam celebrar em Jerusalém?
- Você se lembra de algum momento de sua vida parecido com esse de Jesus?

Jesus e sua família rezam no Templo de Jerusalém, e essa cena nos mostra a importância de rezar em comunidade. Por quem, ou pelo que, você quer rezar?

1. Transcreva aqui a intenção que você escreveu no palito que recebeu do catequista.

⏻ **SE LIGA** no catequista! Ele vai ajudar você a compreender que sua participação na comunidade é importante e indispensável.

Um dos pilares que sustentam nossa vida de comunidade é a oração comunitária, momento no qual rezamos juntos e uns pelos outros.

2. Identifique em cada uma das imagens o momento de oração ao qual correspondem.

CRESCER NA ORAÇÃO

Neste encontro apresentamos a Deus nossas intenções particulares, depois elas foram unidas com as intenções de todos e formaram o desenho de uma igreja. Percebemos que todas as intenções particulares se tornam uma só quando as expressamos em uma oração comunitária.

Vamos, nesse momento, unir nossas intenções rezando o Salmo 99(100):

"Aclamai o Senhor, terra inteira!

Servi ao Senhor com alegria, vinde à sua presença com cantos de júbilo!

Reconhecei que o Senhor é Deus!

Ele nos fez, e somos seus: seu povo e ovelhas de seu rebanho.

Entrai por suas portas com ação de graças, e nos seus átrios, com hinos de louvor!

Rendei-lhe graças, bendizei seu nome!

Pois o Senhor é bom: seu amor é para sempre, e sua fidelidade, de geração em geração." Amém.

CRESCER NO COMPROMISSO

Rezar em comunidade é parte do nosso compromisso de fé com nossos irmãos e irmãs. Em nossa comunidade são muitos os momentos em que nos reunimos para rezarmos juntos.

✳ Pesquise em quais momentos e de que forma sua comunidade se reúne para a oração. Para ajudar, sugerimos algumas perguntas:

★ Quem é o padroeiro da sua comunidade e quando é celebrada a sua festa?

★ Quais atividades realizadas em sua comunidade são dedicadas apenas à oração?

★ Por quais santos a comunidade tem devoção, além do padroeiro?

★ Participe de um momento de oração em sua comunidade e depois faça um registro da sua experiência.

"Jesus crescia em sabedoria, idade e graça diante de Deus e diante das pessoas." (Lc 2,52)

18

NOSSA SENHORA NO CORAÇÃO DO POVO DE DEUS

A devoção a Maria é um traço marcante na vida do cristão católico que carinhosamente a chama de Nossa Senhora. A Bíblia nos diz que somente Jesus é o mediador de nossa salvação, mas vemos que Maria tem uma posição especial junto a seu Filho, por isso podemos rezar para ela, pedir que interceda por nós, que nos proteja e que nos anime a seguir os passos de seu Filho.

CRESCER COM A PALAVRA

 Faça a leitura do texto bíblico para compreender melhor por que Maria é a nossa intercessora junto a seu Filho Jesus.

  Jo 2,1-12

"Aceita, Senhor, as oferendas de minha boca." (Sl 119,108)

Maria estava numa festa de casamento, uma cerimônia muito importante para seu povo e cheia de simbolismos. As pessoas se uniam e renovavam a esperança na vinda de muitos filhos, que era sinal de prosperidade.

1. Com base no texto bíblico, responda:

   a. O que uma festa precisa para ser boa e alegre?

   _____
   _____
   _____
   _____

   b. As festas de casamento daquela época duravam quanto tempo?

   _____
   _____

   c. O que Maria pede a Jesus nessa festa?

   _____
   _____

   d. O que ela pede aos servidores da festa?

   _____
   _____

Maria era uma convidada na festa, mas estava atenta ao que acontecia à sua volta. Quando percebeu a falta do vinho, pediu a Jesus que fizesse algo. Ela intercedeu pelos noivos, e intercede por nós. Maria, quando aceitou ser a mãe de Deus, disse ao anjo: "Faça-se em mim segundo a tua palavra". Em Caná, ela deseja que nós também sejamos servidores de Jesus: "Façam tudo o que Ele vos disser". Ela já está agindo como uma verdadeira discípula e missionária de seu Filho, orientando-nos para Ele.

A Igreja nos ensina que Maria foi preservada da mancha do pecado original e, terminando o curso de sua vida terrena, foi exaltada pelo Senhor como Rainha do Universo, para que parecesse mais com seu Filho (cf. LG, n. 59). Por isso Maria ocupa um lugar especial no coração do povo e na Igreja, que recomenda que rezemos a ela e com ela.

🕐 **SE LIGA** na devoção que a Igreja e o povo de Deus têm para com Maria.

Romaria

Viagem ou peregrinação a lugares santos e de devoção, feita por fiéis que querem pedir graças, pagar promessas ou agradecer as graças alcançadas.

Novena

Conjunto de orações e celebrações realizadas durante nove dias para que se possa obter uma graça divina.

Coroação de Nossa Senhora

Festividade na qual crianças vestidas como anjos cantam hinos de louvor a Maria, coroam sua imagem e levam flores a ela.

Ladainha

Palavra de origem grega que quer dizer "súplica". Ladainhas são orações feitas de forma dialogada que exaltam os títulos e atributos de Maria.

Terço

Sequência de orações e saudações direcionadas à mãe de Deus, na qual meditamos os principais acontecimentos da vida de Cristo. O terço é composto por cinco mistérios, e cada grupo de mistérios é nomeado de acordo com os acontecimentos a que se refere: gozosos, dolorosos, gloriosos e luminosos.

2. Agora que você conhece algumas formas de devoção mariana, descubra como elas são praticadas em sua comunidade.

- Existem novenas dedicadas a Nossa Senhora em sua comunidade? Você costuma participar?
- Você já foi ou conhece alguma romaria? É promovida por sua paróquia ou diocese?
- Sua comunidade possui momentos especiais dedicados à oração do terço? Você participa de algum?
- Sua paróquia costuma fazer Coroação de Nossa Senhora? Você já participou de alguma? Em que data é realizada?
- Pesquise em quais momentos é realizada a Ladainha de Nossa Senhora?

CORAÇÃO DE NOSSA SENHORA
ROMARIA
NOVENA
LADAINHA
TERÇO

O texto bíblico nos apresenta Maria como nossa intercessora junto a Jesus. As atividades do encontro nos ajudaram a refletir sobre as muitas formas de demonstrarmos nossa admiração e carinho por Maria.

3. O catequista lhe entregou um cartão em forma de flor para lembrar que, sempre que você recita o terço, cada Ave-Maria representa uma rosa entregue à mãe de Jesus e nossa mãe. Escreva nesse cartão um pedido, um agradecimento ou um louvor a Nossa Senhora.

CRESCER NA ORAÇÃO

Nossa oração nos fará lembrar uma prática comum em quase todas as paróquias no Brasil: as coroações que tradicionalmente encerram o mês de maio. Por meio da recitação do terço, meditamos os acontecimentos mais importantes da vida de Jesus. As duas últimas dezenas dos mistérios gloriosos são dedicadas à Maria e nos lembram de que ela é elevada aos céus, onde é coroada por anjos como rainha do Céu e da Terra.

O catequista preparou uma coroa para homenagear Nossa Senhora. Ela será passada de mão em mão até ser colocada solenemente na cabeça da imagem de Maria. Quando a coroa passar por suas mãos, diga em oração à Maria:

Ó mãe querida, peço que sejas Senhora e Rainha _____.

Depois de coroada a imagem, rezemos:

Salve Rainha, Mãe de misericórdia, vida, doçura e esperança nossa, salve! A vós bradamos, os degradados filhos de Eva. A vós suspiramos, gemendo e chorando neste vale de lágrimas. Eia pois advogada nossa, esses vossos olhos misericordiosos a nós volvei. E depois deste desterro, mostrai-nos Jesus, bendito fruto de vosso ventre. Ó clemente! Ó piedosa! Ó doce sempre Virgem Maria!

Catequista: *Rogai por nós, Santa Mãe de Deus.*

Catequizandos: *Para que sejamos dignos das promessas de Cristo. Amém.*

CRESCER NO COMPROMISSO

Que tal você se comprometer a rezar, com sua família, uma dezena do terço todos os dias durante esta semana, por suas intenções e de todos os seus colegas?

"Façam tudo o que Ele disser." (Jo 2,5)

19

LEITURA ORANTE

TEXTO BÍBLICO: Lc 11,1-13.

ACOLHIDA

Catequista: Sejam todos bem-vindos a esta celebração! Hoje teremos um momento especial de oração com a Bíblia, que a nossa Igreja chama de leitura orante.

Leitor 1: Quando queremos rezar buscamos um espaço onde possamos nos concentrar e interiorizar a Palavra de Deus.

Leitor 2: Também Jesus se refugiava para rezar em silêncio e concentração. Foi em um desses momentos que seus discípulos lhe fizeram um pedido especial.

Todos: Senhor, ensina-nos a rezar!

Catequista: Hoje vamos refletir sobre a oração, rezar com Jesus e pedir que Ele nos ensine a rezar e meditar sua Palavra. Iniciemos invocando a presença da Santíssima Trindade.

EXERCÍCIO DE ORAÇÃO

Catequista: É na prática da leitura e da escuta atenta da Palavra de Deus que estabelecemos o diálogo filial com o Pai. Para isso é preciso ler o texto bíblico algumas vezes acompanhado de silêncio interior, meditação, oração e contemplação.

Todos: No encontro pessoal com o Senhor, encontramos também a nós. Em nós crescem a oração, a serenidade, a sabedoria que vêm da fé.

Leitor 3: A leitura orante nos ajuda a alimentar a fé e a esperança, ilumina com alegria os problemas cotidianos, ajuda-nos a descobrir os aspectos que precisamos melhorar em nossas vidas. Nos preparemos para este momento rezando:

Todos: *Vinde Espírito Santo, enchei os corações dos vossos fiéis e acendei neles o fogo do vosso amor. Enviai o vosso Espírito e tudo será criado, e renovareis a face da Terra.*

Oremos: Ó Deus que instruíste os corações dos vossos fiéis, com a luz do Espírito Santo, fazei que apreciemos retamente todas as coisas segundo o mesmo Espírito e gozemos sempre de sua consolação. Por Cristo Senhor Nosso. Amém.

Catequista: Vamos realizar passo a passo a leitura orante.

1. Respire lentamente e pense no encontro com o Senhor.
2. Coloque-se na presença d'Ele, faça o sinal da cruz e diga: "Tu me vês".
3. Leia o texto bíblico: Lc 11,1-13.
4. Releia lentamente, versículo a versículo.
5. Lembre que em cada palavra está o Senhor, que fala para cada um de nós hoje.
6. Saboreie a Palavra de Deus, para encontrar paz e tranquilidade.
7. Movido pelo texto lido, converse com Jesus, de amigo para amigo, e apresente seus pedidos. Se não conseguir dizer nada, repita o pedido dos discípulos: "Senhor, ensina-me a rezar!".
8. Em silêncio, de olhos fechados, reze a oração do Pai-nosso.

REGISTRO DA MINHA EXPERIÊNCIA DE ORAÇÃO

Catequista: Estar com o Senhor é especial, por isso vamos fazer um registro deste momento respondendo aos seguintes questionamentos:

1. O que significou este momento de oração para mim?

2. Como me senti durante a meditação?

3. Qual versículo me chamou atenção?

BÊNÇÃO FINAL

Catequista: Queridos catequizandos, vamos pedir a Deus as bênçãos e agradecer esse momento de oração, reflexão e contemplação.

Todos: *Ó Deus Todo-Poderoso, que por vosso Filho, nascido da virgem Maria, trouxe alegria a todos nós, abençoai-nos e ajudai-nos a chegar à santidade. Amém.*

Catequista: Vamos encerrar este momento especial de oração agradecendo com um canto.

Conecte-se conosco:

f facebook.com/editoravozes

@editoravozes

@editora_vozes

youtube.com/editoravozes

+55 24 2233-9033

www.vozes.com.br

Conheça nossas lojas:
www.livrariavozes.com.br

Belo Horizonte – Brasília – Campinas – Cuiabá – Curitiba
Fortaleza – Juiz de Fora – Petrópolis – Recife – São Paulo

EDITORA VOZES LTDA.
Rua Frei Luís, 100 – Centro – Cep 25689-900 – Petrópolis, RJ
Tel.: (24) 2233-9000 – E-mail: vendas@vozes.com.br